WIZARD

トム・バッソの禅トレード

イライラ知らずの売買法と投資心理学

Panic-Proof Investing
Lessons in Profitable Investing from a Market Wizard

著者　トム・バッソ
訳者　塩野未佳

Pan Rolling

謝辞

本書の執筆に当たっては本当に多くの人の助けを借りた。まずはわが妻に感謝したい。世界の金融マーケットの動きをぐるぐる追い掛けるという、やや異常な生活にじっと耐えてくれた。この仕事が成功したのは、彼女のアドバイスや献身的な支えのおかげである。

トレンドスタット社の献身的なスタッフ、ジョージ、ジーン、ルー、ドナ、デイブ、キャシーにも感謝する。彼らがいなければ資産運用でビジネスを行うことは難しかったに違いない。

アリゾナ州フェニックスに住むサンディとベッツィー・ベニットのコメントや提案にも心からお礼を申し上げたい。二人の友情や励まし、そして金融の専門用語を分かりやすい言葉に置き換える能力は計り知れないほど貴重なものだった。

友人でゴルフ仲間のカール・ボルツの素晴らしい仕事にも感謝する。文法やつづりなど、問題山積だった本書の編集を担当してくれた。

ジョン・ホルムにも謝意を表したい。わたしが強調したいと思っている要点を見事に突いたイラストを描いてくれた。おかげで親しみやすい本に仕上がった。

最後に、バン・K・タープ博士とエイドリエン・トグライにもお礼を申し上げたい。ずいぶん前だが、投資家心理に関するセミナーに招待していただいたことがある。わが社の顧客もこの心理学についての理解を深めたほうがよいだろうと思ったのは、そのセミナーに参加したときだった。それからおよそ一年後、彼らが主催する別のセミナーに参加したときに本書の執筆を思い立ったのである。そうしたセミナーのおかげで、人間の心理がどのような働きをするのか、ほかの投資家が苦悶しているトレードや資産運用ビジネスで自分がなぜ成功を収めることができたのかを理解できるようになった。

序文

投機的なトレードの世界では、トレーダーのほぼ三分の一が毎年マーケットからの撤退を余儀なくされている。これはつまり、三分の一のトレーダーが資金の大半を失っているか、あるいは少なくともトレードをやめたくなるほど落胆しているということである。また、投機的なトレーダーの約九〇～九五％が毎年損失を出している一方で、ほんの一握りだが途方もない利益を出しているトレーダーがいるというデータもある。こう考えると納得がいくだろう。つまり、ごく一部の勝ち組トレーダーが大多数の個人投資家のわずかな損失をごっそり持っていってしまうということだ。もっと重要なのは、超一流のトレーダーには、並みの人間が育み伸ばすことができない、ある種の心理的特徴を持っているということだ。

自分の資金を運用のプロの手に委ねたとしても、事態はそう好転するわけではない。なぜか。ひとつは、ほとんどの資産運用会社が市場平均を上回る成績を上げられていないからだ。もうひとつは、並みの個人投資家は、資産運用会社に資金を委ねていても自分で投資をして負けるときと同じ心理的要因でしくじってしまうからだ。例えば、並みの投資家は人気のファンドがパフォーマンスのピークを付ける直前に投資をするので、すぐに大きなドローダウン（資金の減少）に見舞われ、資金を引き出したと思った途端に次の上昇局面が訪れたりする。

では、一流のトレーダーと並みの個人投資家の違いとは何なのだろう？　世界中の優れたトレーダーの多くが今の地位を築いているのは、成功するには自分の心理状態を把握することがいかに大切かを知っているからだ。例えば、ジャック・D・シュワッガーの**『マーケットの魔術師』**（パンローリング）でも紹介されているあるトレーダーによると、一九六〇年代後半に一二の小口の一任勘定の運用を開始したが、数年たつと大幅に上昇している口座もあるが、そうでもない口座もあることに気づいたという。運用戦略はどれも同じで、違うのは顧客の資金の出入りだけである。一般に、大金を手にした人は自分の一任勘定にずっと投資してくれていたが、乏しい利益しか手にできなかった投資家は連敗するとすぐに資金を引き出していた。それはたいてい大きな利益を得る直前で、しかも次に投資をするのはファンドの資産が長期間、順調に増えたあとのことが多かった。だから、またすぐにドローダウンの憂き目に遭ってしまうのだ。

またこのトレーダーによると、投資は投資家の私生活とも密接に関係しているという。儲けている人は私生活も絶好調だが、損をしている人は何をやってもうまくいかない傾向がある。偶然の一致だろうか？　いや、そうではないだろう！　結局、このトレーダーは顧客の資産を運用するのをやめてしまった。他人の感情ではなく、自分の感情の浮き沈みだけを心配することにしようと考えたのがひとつの理由である。

ジャック・D・シュワッガーの**『新マーケットの魔術師』**（パンローリング）に登場する別の偉大なトレーダーは、また違った方針で資産運用に臨んでいる。個人投資家の問題に積極的に取り組む道を選んだこのトレーダーこそ、本書の著者トム・バッソである。バッソはもともとケネディ・キャピタル・マネジメント社という投資顧問会社の創設者だが、バッソと彼のパートナーが経営方針を巡る意見の対立でたもとを分かち、バッソのパートナーが大口の法人顧客の資金をすべて引き継ぎ、バッソの会社がそのまま個人投資家の資産運用を続行することになった。そのとき以来、バッソは個人投資家をサポートしつつ、一貫して好成績を上げている。

したがって、運用のプロに資金を委ねる顧客が相場で生き残ることをテーマに本を執筆できるのはトム・バッソしかいないと、わたしは考える。バッソは個人投資家と共に仕事をし、心から個人投資家をサポートしたいと思っている。数年前にわたしがインタビューしたときも、彼はこんなことを言っていた。

「一九八四年に自分自身の投資上の問題を解決することを含め、さまざまなことを始めました。そして、ほかにも同じ問題を抱えている投資家が大勢いることを知るようになりました。そうしたら人生もずっと楽しくなりました。今まで以上に自分の運命を自分でコントロールできるようになったのです。進んでいく方向に戦略的に多くの資源を投入しました。自分の進みたい方向が見えてきたからです。計量経済学の観点から市場にアプローチし、リスク管理の能力を高め、引き続き他人を助け、他人の投資をサポートしながら過ごせるような人間になりたかったんですよ」

また、模範的なトレーダーだという点も、バッソが本書を執筆するに値する重要な理由である。なぜわたしがそう考えるのかを簡単に説明しよう。

一九八九年一月、わたしはＭＡＲ（マネージド・アカウント・レポーツ）社の会議で「成功する資産運用の心理学」というテーマで講演をし、一部を自尊心とそれがトレードの成績にどう影響するかというトピックに充てた。要は、人間は自分の信念に基づいて自分の世界を作り出す傾向があり、なかでも最も重要な信念のひとつが自分自身に対する思い込み、つまり自尊心だということだ。実際は、思い込みはヒエラルキーの形を取ることが多く、自分自身に対する思い込みが最も上位にくる。また、自分に自信がある人は投資家やトレーダーとして成功する可能性が高い。ほとんどの人は自分に自信を持っていない。残念ながら、それが並みの投資家の成績が悪い大きな理由なのである。

自尊心がないといかにトレードの成績に悪影響が及ぶかを、具体的な例を挙げて説明してみよう。わが社の顧客のビルは――個人が特定できないように仮名を使うが――、子供のころにいろいろな出来事を経験したせいで自分を好きになれず、成功するなんてとんでもないと思っており、万が一、投資で成功するようなことがあれば自分のことも好きになるだろう、とずっと思っていた。しかし、実際には何をしていたかというと、投資の成績の足を引っ張るようなことばかりを続け、そうした自分に対する考え方を正当化していた。なぜなのだろう？　ビルの自分に対する考え方は真実であり、彼のパフォーマンスはその信念に基づいていたからである。ビルに必要なのはセルフイメージ（自己像）を改善することだった。そうすれば成績もおのずと上がってくるはずだ。そしてビルがそのセルフイメージを変えた途端、トレードの成績は劇的に良くなっていった。

一九八九年の会議で、わたしは四〇〇人以上の出席者に自尊心の程度を測るための質問用紙を配った。得点は四〇点満点で、自尊心が高い人ほど〇点に近い。そして得点が五点未満だった人は何人ぐらいいるかと尋ねたところ、手を挙げたのはひとりだけ。それがトム・バッソだったのだ。会議が終わってから、わたしは直接二人で話をする機会を得たが、バッソはわたしが過去に出会った人のなかでも最も自尊心の高い人のひとりだという結論に達した。これを機に、バッソとわたしは良い友人になった。今言えるのは、わたしのバッソに対する印象はそのときから変わっていないということだ。

バッソ自身の言葉を借りるとこうだ。

「トレーダーは自尊心の高さを感じることが大切ですね――ただ、優れたトレーダーになるのに必要な規律を自分のエゴが邪魔するようではいけません。つまり、高い自尊心を感じているからトレードのプロセスに集中できるわけで、それで望みの結果が得られるんです。たいていの場合、トレードで良い仕事をすれば良い結果がついてくるものですよ」

『マーケットの魔術師――米トップトレーダーが語る成功の秘訣』（パンローリング）の著者であるジャック・D・シュワッガーは、一九九一年にニューヨークで共催した「最高のパフォーマンスに向けて」と題したセミナーの終了後にバッソにインタビューをしているが、シュワッガーによると、自分自身のトレードで一番手本にしたいと思ったのがバッソだそうだ。そこで、バッソにはトレーダーのかがみとして、多くのセミナーで参加者の質問に答えてもらっている。

わたしが喜んで本書の序文を書くのには、もうひとつ理由がある。それは、バッソが投資を成功させるための重要なカギを理解しているからだ。バッソは第一に自分はビジネスマンであり、トレーダーとしてのパーソナリティーは二番目であると考えていた。そのビジネスマンとして、相場への取り組み方が素晴らしいのだ。とにかく計画的で、何かが起きる可能性があると、事前に頭のなかであらゆる可能性について考えるのだ。当然、そうするべきだ、と。細かく計画を立てることが、おそらくトレードで成功するうえでは欠かせない要素のひとつなのだ。しかも、バッソはわたしが知るだれよりもそれを実践している。

バッソはこう話している。

「わが社のお客様やビジネスにかかわる生活が複雑になるに従い、何かが起きる可能性も高くなります。お客様から電話が掛かってくることもありますし、トレード上の問題が起きることもあります。また、コンピューターが故障したりプログラムの不具合が起きたりもします。毎朝、いつも職場に向かって車を運転しながら、そんなことを考えているんですよ――その日起こるかもしれないあらゆることをよく考えてみるということです」

「最高のパフォーマンスに向けて」と題したセミナーでも、バッソは常に参加者のために時間を取り、アドバイスを与えたり質問に答えたりしている。われわれはセミナーの一部の時間をバッソのために空けているが、彼はセミナーが終わるまでずっと、夕方になっても、またセミナーが終わったあとでも参加者の要望に応えている。さらに、バッソは毎日午後の時間を顧客のサポートに充てている。自分の資金がどう運用されているのか、といった個人的な心配事に答え、惜しみなくアドバイスを与えている。長年にわたって顧客にアドバイスを与えるという経験がなければ、本書を書き上げるのは不可能だったに違いない。わたしはそう確信している。

「なるべくこう考えるようにしているんです。つまり、自分が運用しているのはお客様のお金なんだ、自分のお金じゃないんだと。けっしてそれを忘れてはいけません。西海岸のある証券マンが、『資産運用業界では、利益と安心を売っているんですよ』と言っていましたが、わたしは昔から、利益よりも安心のほうが大切だと思っているんです。もしお客様が安心できなければ離れていきます。それに、安心というのは必ずしも利益とは関係がないんです。もし自分の仕事でお客様のニーズを満たすことができれば、お客様は満足してこれからもずっとついてきてくれるでしょう」

バッソは本当に素晴らしい人である。どんな投資家でも理解できるシンプルで落ち着いた語り口でその識見を惜しみなく披露してくれる。うれしいかぎりである。

バン・K・タープ博士（バン・K・タープ・アンド・アソシエイツ社）

はじめに

資産運用ビジネスをしていて良かった。そう感じることが何度もある。このような本を執筆できるのもそのひとつだ。他人の資産を運用し始めてかれこれ一七年になるが、今でも多くの人が自分の資金をうまく管理運用できていないことに驚いている。わたしは投資のことで試行錯誤を続けている多くの人と出会った。資産運用業界に対しては手厳しい人が多いが、なかにはもっともな理由がある場合もあるが、そのほかの人は単に知識がないだけであり、資産運用という問題にどう対処したらよいのか分からないようだ。

残念ながら、本書で紹介する事例はすべて実話である。要点をはっきりさせるために、実際には別々の二つの状況を組み合わせてひとつにしたものもあるが、両方とも実際にあった話である。切なくなるものもあれば、笑えるものもあるが、ためになる話ばかりである。

本書はもともと、わが社の顧客に読んでもらうために執筆を思い立ったものである。顧客がもっと賢明な投資をするようになれば、自分もそれだけ顧客のためになる、ということがわかってきたのだ。というのがわたしの持論である。そうすればわが社ももっと成長できるはずだ。わが社の成功は顧客の幸せと結びついているからだ。だがその後、激励してくれる人がいたこともあり、証券外務員やファイナンシャルプランナー、マネーマネジャー、そして一般の投資家たちにも本書を手に取ってもらいたい、本書の内容がそれらの人々にも役に立つのではないか、と考えるようになった。

特定の資産運用業界や特定のタイプの投資家を挑発するつもりはない。株式のポートフォリオマネジャーや投資組合、先物運用のプログラム、証券外務員のなかには良いものもあれば悪いものもある。投資業界の欠陥を指摘しつつも、わたしが強調したいのは、どんな形態の投資業界においても誠実で効果的なものを見つけだすことができるということである。肝心なのは、われわれ資産運用業界の人間が顧客のことを考え、顧客に投資に関する豊富な知識を身につけてもらえるようにすることである。成功する投資のプロセスに関して顧客が理解を深めてくれれば、悪徳業者も市場から駆逐され、投資家保護のために奮闘する弁護士も要らなくなる。

フラストレーションなしの資産運用に向けて第一歩を踏み出したいと思っているすべての投資家に本書をささげたい。

どうか楽しみながら読んでほしい。

トム・バッソ

第1章

イライラする投資家

「とんでもない組合契約を売りつけたな」と言って、あなたは証券外務員や保険会社の営業マン、投資アドバイザー、あるいはファイナンシャルプランナーを責めたことがあるだろうか？　ちんぷんかんぷんな生命保険の契約書ばかりをずらりと並べられたら、どんな気分だろう？　友人が人気のある株に関する耳寄り情報を教えてくれても、買った途端に大きく値を下げ、二度と日の目を見ないような銘柄だったらうれしくも何ともないだろう。輝かしい実績を誇る年次で負けなしの投資アドバイザーが、今年は初のドローダウンに苦しんでいる。しかも自分の資産の運用を任せた途端に……。投資詐欺に引っ掛かった、投資で失敗した、少なくとも投資判断やタイミングを間違えた、という話はよく聞くだろう。だから、マーケットの寒風に影響されない投資家なんていないんだ、と考える。

ところが、職場に相場の天井や底を的中させるのが不気味なほどうまい同僚がいたり、教会で見掛ける退職した女性が投資で大儲けしていたりすると、こんなふうにも考える。

「長い間輝かしい成功を収めている投資家の話がよく雑誌に載っているけど、

ひょっとしたら自分にもできるかもしれないぞ」

だれもがそう考えて投資を始めるわけだが、結局のところ、自分が投資で成功するなんてあり得ない、ということを相場に思い知らされることになる。もし心当たりがあるようなら、きっと投資でイライラが募っているはずだ。あるいは一度も投資の経験がなくて、投資でイライラが募らないようにしているかのどちらかだ。本書はどのような状態の投資家にも役立つに違いない。こうしたイライラに共通した問題、つまり「自分自身の心の働きとそれをどう管理すればよいか」について書いた本だからだ。公式に登録された資産運用会社を経営してきた長い経験の過程で、投資家が自ら災難を招いてしまう事例にも数限りなく遭遇した。大変な作業ではあったが、それを本書で短い例え話や考察にまとめることができた。

それでは早速、人間の心のなかを、すべての発端であり、さまざまなことが起こる心のなかをのぞきに行ってみよう。

第**2**章

投資を成功に導く3つのカギ

投資家はいつでも、金儲けに関するあらゆる要求を満たしてくれる聖杯のような投資戦略を探し求めている。ほとんどの人は、わたしが言う「普遍的な目的」、つまり「ローリスク・ハイリターン」という目的を持って投資に臨んでいる。まずはアル・マーシャルの事例について考えてみよう。

マーシャルは金融を専攻する研究者で、多くの証券外務員と取引があった。彼は投資という課題を楽しんでいた。さほど順調にいっていたわけではなかったが、成績を伸ばしたいという希望をけっして捨てることはなかった。投資システムを購入し、投資関連のニュースレターを購読し、しかも投資顧問会社を二社使って資産運用の一部を任せていた。

ところが何年かたつと、マーシャルは投資というものに少しストレスを感じるようになっていた。新しい戦略はどれも当初はうまくいっているように見えたが、ちょっとでももう少し儲けようと思うと、落胆する結果になってしまうのだ。そこで彼は、もっと良い方法はないものかと新たな戦略を探してはそれを試してみたのだが、やはり同じことの繰り返しだった。

「こんなに一生懸命やっているのに、いったいいつになったら報われるんだろう？」。マーシャルはずっとこんなことを考えるようになっていた。
この短い話からどんな教訓が得られるのだろうか？

成功の条件とは

わたしは成功している投資家を大勢見てきたが、その全員に共通しているのは、どうやら三つの規則をきちんと守ることらしい。まず一つ目は、**投資を始めるときとやめるときに関して戦略を持っていること**。二つ目は、うまくいくだろうと思っていた投資がうまくいかないときに自分の資産を守る**リスク管理や資金管理の対策を講じていること**。三つ目は、これが一番重要なのだが、**自分のことをよく理解し、自分の置かれている状態、使えるリソース、そして自分の性格に合った投資戦略を組み立てていること**である。

投資戦略

多くの投資家は自分の投資戦略に不安を感じているものである。

「結局はしっかりした証券外務員か投資システムが見つかりさえすればうまくいくんだよ」

彼らはそう考えて、次から次へと戦略を変えては実践するものの、うまくいかずにイライラを募らせている。

投資で成功するには確かに戦略が必要だが、何も難しいものを編み出す必要はない。昔から言われている格言のなかには成功する戦略の特徴をよくとらえたものがある。

「安く買って高く売る」「利食いは遅く、損切りは早く」などはある程度重要だろう。**ただ、最も重要なのは、自分の置かれている状態や使えるリソース、そして自分の相場の技術水準に見合った戦略を用いるべきだということだ**。例えば、毎日相場を追っていなければならない戦略を使っているとして、旅行に行くことになったときには、毎日相場を気にしなくても済むような長期的な戦略が必要になる。忘れないでほしいのは、**投資戦略はシンプルなのが一番だということ**だ。シンプルなシステムや戦略なら、それだけ理解しやすいし、安心して使うことができる。

完璧な戦略を見つけるために空いている時間を全部費やす必要はない。そんな完璧な戦略は存在しないし、いくら良い戦略でも機能しない厳しい市場環境に直面することもある。マーシャルが愚かだったのは、厳しい市場環境に直面するたびに新たな戦略に手を出していたことだ。それよりもまず、自分の状況や性格に合った戦略を見つければよいのである。**いつ買い・いつ売るかなどの戦略を探し、開発することは、投資で成功するための最も重要なことではない**。

資金管理

二つ目、そしてさらに重要なのが資金管理である。過度にレバレッジを利かせてしまったとか、十分に分散していなかったなどの理由で、損をした投資家を見てきた。不動産そのものは投資対象として悪くはないが、頭金ゼロで買って大儲けを狙ったにわか不動産投資家のほとんどは、傷をなめながら現金にする方法を探しては過度の借り入れによる悪夢に悩まされている。こうした利かせすぎたレバレッジの影響は多くの投資商品にも見られる。信用取引で債券や株や投資信託を買うことができるし、バランスシートにレバレッジのかかった超小型株を買うこともできる。先物やオプションでもレバレッジを利かせた取引をすることができる。

投資家は明日もまた市場でゲームをすることもできる。あまり高いリスクをとったり過度なレバレッジを利かせたりすると破産してしまい、ゲームからはじき出されてしまうことがある。成功しているバランスの取れた投資家は、大儲けしようとして果敢に大穴を狙ったりはしない。**計算済みのリスクを評価したうえで、潜在的なリスクと利益の可能性に基づいて適した額を投資している。どんな投資にも潜在的なリスクと利益の可能性があり、賢明な資産管理のテクニックを使うことで投資結果に明らかな影響を与えることができることを理解しているのである。**資産管理テクニックには、市場、運用会社、投資手法の分散が含まれている。投資商品ごと、運用会社ごと、戦略ごとにきちんと分散するのも資金管理のテクニックのひとつである。正しい投資商品を選択するとか、ひとつの投資商品にはポートフォリオ全体のごく一部だけを充てるというのも資金管理のテクニックである。

自分自身を理解する

三つ目は、これが最も重要なのだが、投資で成功するには、自分がさまざまな投資のシナリオにどう対応するかが分かっていることである。

マーシャルは投資戦略をコロコロと変えていた。自分が選択した投資商品に不安を感じていたからだ。なぜ投資家は自分の投資商品に不安を感じるのだろう？　ひとつは自分自身の性格に合った投資をしていないからだ。もし自分が積極的に参加するタイプの人間で、日々の投資判断に関与していたいのならば、投資のプロに資産運用を任せてはならない。自分が知らないところで日々の投資判断が下されてしまい、結局はイライラが募るだけだからだ。一方、自分は大局観を持って臨むタイプで、細かいことなどいちいち気にしていたくないというのならば、頻繁に電話をしてきて買いや売りを勧める証券外務員には気をつけたほうが良いだろう。細かいことを気にしない投資家は営業マンに言われると、「そうかもしれない」と思い込み、本来持っていた長期的な戦略をないがしろにするかもしれない。

「投資のことはよく分からない」という態度で臨む人は、金融の専門知識を持つ人に助けてもらいたいと思うだろう。ただ、考えられる落とし穴はたくさんある。たいていの場合は、いくら助けてもらっても、自分で投資をしているときに感じるのと同じイライラを感じるはずだ。そこでやるべきことは、「投資のことはよく分からないけど、自分の力でもっと勉強するよ」という態度に改めることだろう。

成功し、バランスの取れた投資家であることと、投資をしていて快適だと思うことは大いに関係している。その人に合った投資であれば、それはもう呼吸をするぐらい簡単だ。バランスの取れた投資家は、全体的な戦略を理解し、リスクを分散して管理するという仕事をきちんとこなしたうえで、その投資が自分の性格に合っていることに安心感を覚えるのである。いろいろな投資戦略に飛びつく前に、まずは自分がどういうタイプの人間なのか――衝動的な人間なのか、決断力があるのか、戦略的な人間なのか、それとも戦術にたけた人間なのか、日々の投資判断に関与していたいのか、それとも日々の投資判断からは距離を置いていたいのか――を考えてみることだ。

期待収益を上げるためには何が必要なのかを考え、自分の性格に合った投資戦略を作ってみることだ。投資の知識がないから無理だと思っているなら、信頼できるファイナンシャルアドバイザーに、「自分の性格に合った戦略を作りたいんです」と一度相談してみることだ。みんなが買っているからと言って、一時的にはやっている最新の投資アイデアに踊らされる必要はない。自分が納得できる投資をしていれば、きっとバランスの取れた投資家として成功することができるだろう。

第3章

考え方は人それぞれ

経験や知識の量、世界観は、投資家によってまちまちだ。われわれはひとりひとり違う人間だ。二人としてまったく同じ投資をする人はない。人はひとりひとり違うため、周りの世界を認識するときも、その人の先入観や信念に基づいて認識する。次の例を読めばそれがもっとはっきりしてくるだろう。

ヒュー・マーティンは労働者階級の家庭で育った。両親は懸命に働いて家計をやりくりしていたが、けっして裕福ではなかった。贅沢とは程遠い生活で、マーティンはそれに満足していた。「お金は悪だ。金持ちはいろんな問題を抱えているからとても不幸なんだ」というのが両親の口癖だった。

大人になるにつれて、マーティンはより良い生活がしたいと思うようになった。友人はいつも自分が買えないものを持っているように見えたが、常に大金を持っているわけでもないのに、あたかも大金を持っているかのように消費していることに気がついた。クレジットカードを使ったり家を担保にして借金をしたり、友人からお金を借りたりしていろんなものを買っていたのである。

「不相応な消費をするなんてバカだよな。生活していけるわけがない」とマーティンは考えていた。

マーティンは贅沢三昧な生活を夢見ていたが、実際には自分の収入に見合った生活をしていた。節約して、投資をするために貯金していたのだ。

マーティンは投資を始めるにあたり、非常に慎重であった。投資のコストもじっくりと調べた。そして多くの銘柄を分析し、安値で買った。債券の発行時には、債券トレーダーと値段の交渉をした。不動産投資でも納得がいくまで辛抱強く待った。多くの人には、マーティンが投資家として成功する道を歩んでいるように見えた。

ところが、投資で成功を重ねていくにつれ、マーティンは今の生活に不快感を持つようになってきた。「お金は悪だ」という両親の口癖や、自分の収入の範囲でやりくりするべきだという考えが頭をもたげてきたからだ。

「友人はちょっとした富を手に入れた自分をどう思っているだろうか？　自分のことを悪いやつだと思っているだろうか？　違法な手段とか汚い手を使って金儲けをしたんだろうと思ってはいないだろうか？　友人たちを避けて引きこもり生活をしたほうがずっとましだ。個人的な贅沢品を買ったりしなければ、きっと金持ちには見えないだろう。きっとそのほうがみんなも好意的に接してくれるはずだし、投資で案件を保持したままでいるほうが、大儲けをすることよりも人間的に素晴らしい。投資案件を売らなければ現金は手に入らないのだから、無駄な贅沢品を買うこともない……」

そう考えた彼は、投資した銘柄が上昇しても利益を確定しようとはせず、再び下落するのをただ眺めていただけだった。そのうちにどれも月並みな塩漬け銘柄になってしまった。やがて月日がたつにつれ、彼はイラ立ちを募らせるようになり、「こんなに一生懸命にやっているのに、どうしてうまくいかないんだろう、どうして幸せになれないんだろう」と考えるようになった。

マーティンの投資は、最初のうちはうまくいっていた。裕福になりたいという一心だったからだ。友人たちも彼は成功したものと思っていたが、彼は幸せでもなかったし、落ち着いてもいなかった。

このマーティンの話から重要なポイントをいくつか分析してみよう。

お金は悪ではない

お金は単なるお金である。それ以上のものでも、それ以下のものでもない。物々交換をせずにモノやサービスを交換するときに渡すものにすぎない。裕福で幸せな人もいれば、いくら裕福でも不幸せな人がいる。裕福でなくても幸せな人もいれば、裕福でなくて不幸せな人もいる。

結局は幸せになりたい、あるいは満足したいと思っている人が大半だ。みんな「退職したら幸せになるだろう」とか「もっとお金があれば自分も家族も豊かな暮らしができるし、満足した生活が送れるだろう」と考える。

しかし、**幸せな人生を送れるか、または満足した人生を送れるかは、銀行口座の残高の増減で決まるものではないのだ**。

数年前だが、投資で成功したわが社の顧客が自分でゼロから立ち上げたマイクロ波通信ネットワークの会社をかなりの高額で売却した。当時、まだ世間知らずだったわたしは彼にこんな言葉を掛けた。

「これで成功を手にしたわけですね」。すると、その顧客はわたしをじっと見てこう言った。

「一〇〇万ドルあれば生活必需品は何でも買えますね。カッコいいクルマや立派な家も買えますし、食べる物や着る物だって手に入ります。でも、この取引で手にしたお金はまた新たな投資に回そうと思っているんです。わたしの資産額なんて、単にゲームの得点にすぎないんですよ」

彼はとても幸せな人で、人生を大いに満喫していた。彼がなぜそこまで落ち着いていたかというと、それは自分のエゴや自尊心を自分の資産価値と結びつけず、単なるゲームの得点だと考えることができたからだろう。

有名な先物トレーダーのリチャード・デニスは、「タートルズ」として知られる自分の弟子を選ぶときに彼らのゲームの経験を重視した。チェスやトランプといった心理ゲームに勝つ力が、投資という心理ゲームに取り組むときに役立つと考えたからだ。投資のことを、頭の体操だ、チャレンジだ、知的な研究だ、と言う人もいるが、成功している投資家のほとんどは、彼らがけっして完璧な投資家にはなれないけれど、上達するためのプロセスやチャレンジを楽しめること、腕を磨くことが完璧な投資家への道を歩むことになる、というのを知っている。また同時に、けっして完璧の域に到達することなどできないということを受け入れている。彼らは単に旅を楽しんでいるだけであり、何が何でも最終目的地にたどり着こうと思い詰めているわけではないのである。投資で成功したいなら、自分の自尊心と自分の資産価値とを切り離して考えるようにすることだ。

同じ出来事でも人が違えば見方も変わる

多くの人にはヒュー・マーティンが成功したように見えたが、マーティン自身に成功したという感覚はなかった。実際、自分の経済的成功について、彼らはみじめで不愉快な気持ちになっていたのだ。同じ出来事でも、二人いれば二通りの受け止め方がある。われわれの周囲ではこうしたことが毎日のように起きている。子供がたまに興味深いことを言うのは、子供は子供独特の物の見方をするからだ。同じ事故でも、目撃者によって微妙に証言が食い違う場合がある。今の政局をどうとらえるかも政治家によって違う。飛行機に乗るのが大嫌いな旅行会社の営業マンもいれば、町の外を旅したいという建築業者もいる。ある社員は自分の仕事が退屈だと思っているが、同じ仕事をしている別の社員はその仕事を面白そうにこなして、楽しんでいるように見える。

ここで学ぶべきことは、**自分の世界観は自分自身の認識に基づいて作られるということ、自分が認識するものはすべて自分の思想体系に基づいて組み立てられるということだ**。自分以外のの投資家は自分とは違った物の見方をし、その人にとってはまさにそれが重要で現実的なのだ、ということを成功した投資家は理解している。お笑い芸人について考えてみよう。ごくありふれた日常の事柄をネタに、それを違った角度から切り取って笑わせてくれるではないか。**頭を柔軟にし、違った発想を受け入れられるようにしておくことである**。

イライラしている多くの投資家は、投資の成功を妨げるような認識のし方をしている。投資家においては自分で責任を取る必要はないとか、裕福な人間は不幸せだなどと思い込んでいる投資家もいるし、フロアトレーダーはいつも相場を操作して自分に不利な値を付けてくる、あるいは投資は一種の娯楽だと考えている投資家もいる。もし自分の認識が投資で成功するための足かせになっているのならば、求めている成功を手にすることは極めて難しいだろう。

投資に対する自分の認識がどういうものかをちょっと調べてみよう。そして自分が投資家として成長するには、自分の思想体系を知ることがどれほどプラスになるかを分析してみよう。例えば、先物取引はリスクが高いと言われている。しかし、リスクの高い投資になるか保守的な投資になるかは、自分が先物取引をどう管理するかにかかっている。どんな市場であれ、それ自身が安全であるとかリスクが高いとか言うことはできない。どのように運用されるのかをまったく知らないで、どうやってその投資について断じることができるのだろうか？　一般に先物のポートフォリオ運用はリスクが高いと思い込んでいる投資家は、それについて調べたことがあるのだろうか？　逆に、先物取引について調べ上げて、リスクが高いとか、安全だということを認識しているのならば、先物取引のメリットとデメリットについてさらに進んで詳しく調べ、自分のポートフォリオの一部にするべきだか否かについて結論を出すことができる。

もし自分の認識が投資を失敗に導くものであるということが分かれば、そうした信念を改め、違った物の見方をするようにしてみよう。

第4章

だれに責任があるのか？

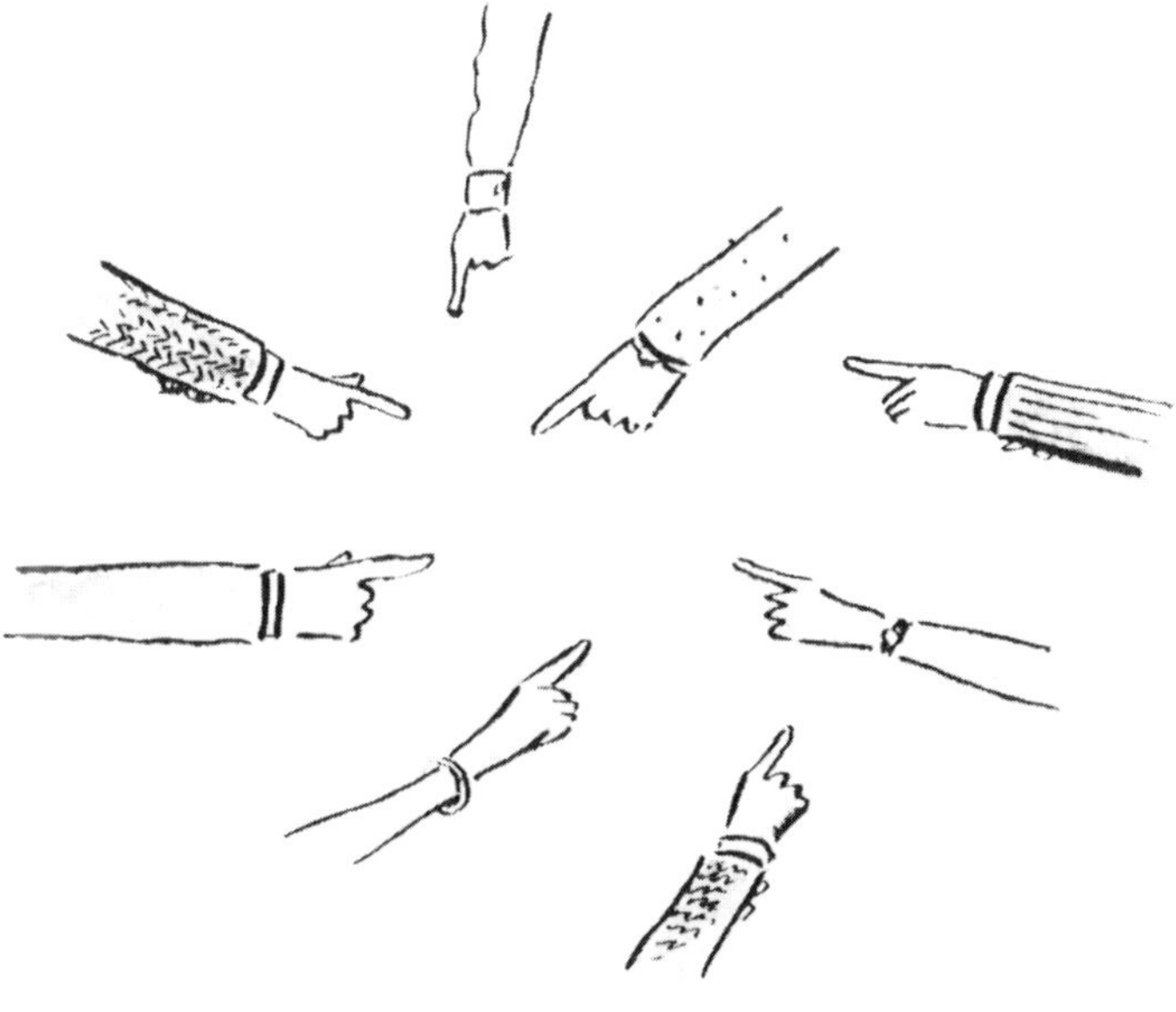

起こった結果については自分で責任を持つ、というのが投資について、ついでに言えば、人生についての常識的な考え方だろう。ここではあなたが信じている信仰についてとやかく言うつもりはない。わたしが言いたいのは、一連の出来事の発端をたどっていくと、**自分の人生で起きるほとんどの出来事は、自分がどこかで下した決断か、あるいは外からの出来事に対してどのような選択をしたかによって大きく変わってくるということだ**。

スミス氏は小企業の経営者で、自動車部品の販売店を経営していた。ある日、仕入れ先のグリーン氏からあるうわさを聞いた。

「大手部品メーカーのＬＡＰが、競合する小さな部品メーカーのＳＰＩを買収するらしいよ。ＬＡＰは潤沢な資金を持っているし、市場シェアも伸びるんじゃないかな」

しかもグリーン氏は、ＬＡＰ株はすぐに値を上げるはずだから少し買ったんだ、と言っていた。それから数日間、スミス氏は新聞でＬＡＰ株の相場を見ながら買収のニュースが載っていないかと探してみた。市場全体の上昇相場に乗ってＬＡＰの株価も上昇していた。株を買わずにいられなくなってきたスミス氏は、証券会社に相談し、彼らのアナリストがＬＡＰについて分析した報告書はあるかと聞いてみた。すると、ＬＡＰは潤沢な資金を持っており、財務状態も安定しているという返事が返ってきた。証券マンもスミス氏のためにＬＡＰ株を喜んで買いますと言った。こうしてスミス氏は、グリーン氏の話と協力的な証券マンのおかげでＬＡＰ株を数百株購入したのである。

買収のニュースはそれから数日とたたないうちに飛び込んできた。ＬＡＰは競合するＳＰＩに敵対的買収を仕掛けようとしていた。ＳＰＩは買収されることにあまり乗り気ではなく、買収価格の引き上げを要求していた。ＬＡＰはその条件をのむことはできるが、準備金を取り崩す必要がある。ところが、その間に市場全体が下げてきた。スミス氏が買ったＬＡＰ株もあっという間に値を下げた。株価がどんどん下がっていくにつれ、スミス氏は朝刊を読むのがつらくなってきた。

それからおよそ一週間後、グリーン氏が再び店を訪れてこんな話をしていった。

「あの買収に問題があるという話を聞いて、ＬＡＰ株を投げ売りしたよ。ちょっと損をしたけど、その後もさらに値を下げているから、あのとき売っておいて本当に良かったよ」

スミス氏はＬＡＰ株を購入したことをグリーン氏には話していなかったが、どうしてそんな会社の話をしたんだと、グリーン氏に内心怒りを募らせていた。それにしても、証券マンもなぜ彼が株を買うのを止めなかったのだろうか？証券マンは、買わせたり売らせたりして手数料を稼いできたからだ。スミス氏はもっとしっかりした調査部門を持つ別の証券会社を探すことにした。

これはだれに責任があるのだろうか？　スミス氏は、グリーン氏と証券マンに責任があると考えている。だが、スミス氏はもう少し自分のことを反省すべきではなかっただろうか。通信技術が進歩を遂げた今の時代では、投資家は毎日情報漬けになっている。情報を選り分けて、関連がありそうな事実に基づいて投資判断を下す必要がある。昔は情報の流れがゆっくりしていて良かったと、多くの人は思っているが、そう思っているだけでは情報量が減るわけでもなく、劇的に変化する世の中にもついていけるようになるわけではない。

心のなかでバランスの取れたシナリオを描く

スミス氏は違った結果を出すこともできたのではないだろうか。そのポイントはいくつかある。まず一つ目は、**グリーン氏から話を聞いたときに、よりバランスの取れた見方をするべきだった**、ということだ。例えば「逆に、この買収案件は計画どおりにいかないかもしれないし、あるいは市場全体が下げるかもしれない」というように、話のマイナス面とプラス面をバランスよく考えるのはそう難しいことではなかったはずだ。これだけでもスミス氏の興奮を冷ますには十分だ。

多くの証券外務員やファイナンシャルプランナーは、投資商品は買うものではなくて、売るものだと考えている。わたしはこれが問題であるとは思っていない。なぜなら、ほとんどの投資家にとって、証券マンが営業活動をしてくれなければ自分にとって素晴らしい投資商品が発売されてもそれに気がつかないからだ。しかしながら、証券マンが投資商品を売りつけてくるときには、それが素晴らしい投資商品だという理由を一〇ぐらい並べてくることがあるのを覚えておくことだ。その投資はやめておくべきだという理由を網羅したリストを入手するのは難しいだろうが、質問をする、資料を読む、その投資のマイナス面を考えてみる、あるいはセールスポイントは何なのかと聞いてみるなど、自分自身でバランスの取れたシナリオを描いてみることが大切だ。狙いは、頭のなかでその投資に絡むリスクと利益のバランスを取ることである。

バランスの取れた考え方で氾濫する情報に対処する

スミス氏にはもうひとつ、重要なポイントがあった。証券外務員に連絡したときである。証券外務員は投資家の売り買いの仲介で儲けている。彼らも人間だから、いくら調査部門でも世界中のありとあらゆる情報を確実に押さえているわけではない。興味のある会社について期待どおりの答えを耳にしたスミス氏は、こんな質問をしてみるべきだった。

「なぜこの買収が株価に影響するんですか？　株価はどの程度影響を受けますか？　この買収が実際に実現する確率はどのぐらいですか？」

スミス氏はこの時点で、買収してもＬＡＰの株価にはほとんど影響がない、あるいはＳＰＩは買収に抵抗を示すだろうといった結論を引き出すことができたはずだ。彼はもっとバランスの取れた考え方をするべきだったのだ。

わたしは、投資では可能性のあるさまざまなシナリオを思い描いてみるようにしている。その投資ではどのような失敗が考えられるだろう、その投資に影響するのはどのような税制の改正だろう、投資先の企業の経営者が変わったらどうなるのだろう、経済が不況に陥ったらどうなるのだろう、などと想像力を働かせて質問をしてみることだ。投資をする理由としてプラス面ばかりを考えているなら、マイナス面をもっと探すようにすることだ。逆にマイナス面ばかりが目につくようなら、プラス面を見つけてみることである。

計画を立ててから投資をする

わたしが論じたいと思う最後の重要なポイントは、スミス氏が損失を最小限に食い止められなかったことである。グリーン氏はというと、買収に問題があるという話を聞いた時点で、株を手放して損失を最小限に食い止めた。そして損失のことを忘れ、気持ちを切り替えて次の好機を待つことにした。スミス氏はグリーン氏の話と証券マンのアドバイスを基にして株を買ったものの、株を手放すすべを知らなかった。グリーン氏が再び店に立ち寄って、売ったほうがよいというアドバイスをしてくれるものと思っていたのだろうか？ あるいは証券マンが売り時を電話で教えてくれるものと思っていたのだろうか？ 実際、彼らは自分たちの行動に責任を持っている。スミス氏も自分の行動に責任を持つべきだったのだ。

投資家は胸に手を当ててこんなことを自問してみるとよい。

「この投資案件が自分の期待どおりにうまくいったら、どの時点で利食いすればいいのだろうか？ もし自分の期待どおりにいかなかったら、どの時点で損切りすればいいのだろうか？ この投資案件の状態を把握するにはどのような情報を継続してチェックする必要があるのだろうか？」

こうして計画を立てるのだ。**投資家は責任を持って自分で計画を立てなければならない**。投資アドバイザーを雇っているときでも、どのような状況ならアドバイザーと一緒に投資を続けても大丈夫か、あるいはどのような状況になったらクビにするべきかを判断しなければならない。グリーン氏は買う計画と同時に損切りの計画も立てておけば、投資資産を守ることができただろう。もし株価が上昇すればそのまま利を伸ばしていけばよいが、逆に株価が下落したら即座に損切って資産を守ることができる。グリーン氏はそれほど考えずに、また時間もかけずに両方の結果を出していたはずだ。ところが、まったく無計画だったスミス氏は大きく負ける危険に対して無防備だったのだ。

投資を始める前に、どうやって手仕舞いするかを計画しておけば、ここで教訓を生かすことができるだろう。そうすれば、淡々と計画を実行することもできたし、損切りしなくてはならないと知ったときも、イライラを抑えることができたはずだ。

もうひとつ例を挙げてみよう。五年前に夫を亡くした六三歳のパーキンス夫人は戸惑いを隠せなかった。それまで家計を管理していたのは夫のハリーで、退職後も安定した収入が入ってくるようにと、お金を優良株や債券に投資していた。だから夫に突然先立たれても、夫人には十分な財産が残っていた。だが、パーキンス氏が使っていたインベストメント・アンリミテッド社の証券マンであるマイク・ストーン氏がパーキンス氏の死後間もなく退職したため、夫人には相談できるファイナンシャルアドバイザーがいなくなってしまったのだ。この証券会社は、パーキンス夫人のような儲けが見込める安定した顧客を手放したくなかったため、すぐにストーン氏の後任の証券マンとしてトム・グラントを担当に付けた。新しい担当者は自称資産運用・不動産運用の専門家で、夫人にはもっと所得税や不動産税を減らすことに注意を払ってもらうべきだと考えた。そして複雑かつ詳細な投資プランを夫人に提示した。資金の一部を彼の会社が出資している高利回りの不動産投資組合に投資し、残りを大手保険会社が販売している安全な保険商品に投資して課税の繰り延べを受けるというものだった。

生活に困らないように亡き夫が励ましてくれているのだ、と考えたパーキンス夫人は、良さそうな計画に思えた。新しい担当者もまだ若かったが、この分野の専門家であるように思われた。

しかも証券会社のお墨付きだ。夫人は残された人生を新しい計画に従って生きていくことにした。そう決めてホッとした夫人は、きっとこの新しい担当者ならば、将来の投資についても良いアドバイスをくれるだろうと考えた。

最初の二年間は小切手が定期的に送られてきたが、やがて不動産投資組合の一つから、収益の支払いを一時停止するという通知が届いた。組織再編が完了すれば事態は好転するだろうということだった。夫人がそのことについて担当者に尋ねると、大した問題ではないとして軽くあしらわれたが、詳しく調べてみるとは言ってくれた。こういうことに慣れていなかった夫人は、有能な人間に一任できていると思って安心していた。

それからまた一年が過ぎたころ、夫人が年金保険に加入していた保険会社の事業を州が引き継ぐというニュースが飛び込んできた。ジャンクボンドで巨額の損失を出したほか、剰余金がなくなったことで州が動いたのだ。夫人の年金は一時的に凍結されることになり、しかも投資収益はその後二度と受け取れなくなってしまった。州が会社の帳簿を監査して実態調査に乗り出すことになっていたが、それには何カ月も、おそらく何年もかかるはずだ。夫人は心配になってきた。今の収入の大部分をこの投資収益に頼っていたし、不動産投資組合も支払いを一時停止しているため、お金が足りなくなってきたからだ。担当者は少し辛抱してほしいと言う。州が保険会社の事業を引き継いだのだから、夫人の資産は保全されるし、それに、監査が終わったらこの保険会社はおそらく格付けの高い保険会社に吸収されるかもしれないと言うのである。夫人は現状に完全に納得していたわけではなかったが、ここは歯を食いしばって辛抱することにした。

ところが、事態は悪化の一途をたどるばかりで、とうとう投資収益ではパーキンス夫人の生活費を賄えなくなってきた。夫人が投資していたもうひとつの投資組合も収益の分配を停止した。ちょうどそのころ、担当者のトム・グラントがボストンを拠点とする投信運用会社に転職し、法人顧客を担当する新たな職に就いた。また違う担当者を相手にすることになった夫人の精神的な負担は非常に大きかった。夫人はどうしてよいか分からなくなった。破産宣告をしようかとも考えた。そこで、法律にはあまり詳しくなかったが、弁護士に相談して良い解決策を見つけてもらおうと決心した。話を聞いた弁護士は、夫人に証券法の専門家を紹介した。そして未亡人にはふさわしくない投資商品を売りつけたとして、証券会社とその担当者を相手取った仲裁を申し立てたのである。

　この話はここで終わりではないが、本章では「だれに責任があるのか？」と考えてみることだという話をずっとしてきた。おそらく、ほとんどの人が「証券会社の担当者だ」と答えるだろう。パーキンス夫人にあのような投資商品を販売したのは彼だからだ。また、その彼を雇った証券会社にも従業員が客に不適切なアドバイスをしたことに対して責任がある、という人もいるだろう。一方、証券会社のほうは、パーキンス夫人には不動産投資組合との契約書だけでなく保険会社の財務の健全性についての情報も十分に開示したが、パーキンス夫人が安全な収益だけでは物足りず、それ以上の利益を求めて貪欲になっていたと主張するだろう。夫人は投資のプロセスにも関与していたし、その計画を進めることに同意したではないか、と。法的には、両者とも証拠を挙げて自らの主張を述べることはできる。確かに、証券会社の担当者はこの顧客に対してかなり積極的だった。実は、この話は顧客が仲裁で勝っている。しかし、よく考えてみよう。法律の専門家でもないかぎり、仲裁で勝つことで生計を立てている人はいない。パーキンス夫人も一番やりたくなかったのが仲裁だ。夫人が心配だったのは食費や生活費のこと、そしてこの騒動から抜け出して経済的に何とかやっていけるかどうかだけだった。

そもそもこのような問題に巻き込まれずに済んでいれば、事はもっとスムーズに運んでいたのではないだろうか。投資家はこのような状況に巻き込まれないように十分に注意しながら投資に臨むべきなのだ。では、結末を左右する決定的なポイントを考えながら、もう一度この話をおさらいしてみよう。

利益が出たら税金を払う

まずは節税の話から始めよう。税金をたくさん払いたがる人がいると言うつもりはない。あらゆる税控除を利用するのは当然だし、もっともことである。ただ、**節税のことばかり考えて、投資資産の安全性や流動性、あるいは経済的な意味が損なわれるようでは正常とは言えない**。パーキンス夫人は、新しい担当者に勧められた投資商品には流動性がなく、もし事態が悪化したらトラブルに巻き込まれる可能性があることを考えておくべきだった。そうすれば、夫人にも断固として「ノー」と言う理由が見つかっていたはずだ。

もうひとつ、節税よりも投資の質のほうに目を向けるべきだとする理由は連邦政府にある。議会は税制のことになると実に気まぐれで、あれこれと干渉したりする。税収を増やそうと、常にどこかをいじくり回している。もし税控除が利用できる投資商品でも、議会がその廃止を決定してしまえば、収益は微々たるものになる可能性がある。わたしが最も節税になる投資商品に慎重なのはそういうわけなのだ。

納税は、もう水が半分しか残っていないグラスと考えるか、あるいはまだ水が半分も残っているグラスと考えることができるかである。税率が五〇％の高額所得者でも、一ドルのうち五〇セントは自分のものになる。多くの投資家は、一ドルのうち五〇セントも税金で取られてしまう、というマイナス面ばかりに目を向けてしまい、自分のものになる五〇セントのことなど忘れている。わたしはグラスにまだ水が半分も残っていると考えるようにしており、「今年は昨年よりも納税額が多いぞ」というゲームをしているのだ。もし多額の税金を納める必要があるのならば、今年はそれだけ儲かったのだから、その分税金も増えたのだと考えればよい。来年度の納税のときにやってみるとよいだろう。わたしのように税金を納めるのをゲームのように楽しめるかもしれない。

契約書を読む

パーキンス夫人の二つ目の重要なポイントは、**投資商品の購入に責任を持つということだ**。投資をする前に目論見書や開示書類を読んだことがないという話を多くの投資家からよく聞く。なぜだろうか？　おそらく理解できないからか、読んでいる時間がないからかもしれない。あるいは怠けていたからか、単にアドバイザーを信頼していたからかもしれない。しかし、契約書を読んで十分に理解していなければ、投資家は投資判断に責任を持てなくなる。その場合はその責任を他人に委ねてしまうことになる。これでこの投資家はその人の言いなりになってしまうのだ。

思い出してほしい。法律では、投資家は投資する前に開示されている情報をきちんと入手しなければならないと定められている。こういう法律は投資家を詐欺や虚偽表示から保護するために制定されたものである。結局のところ、投資家はこの保護に対して費用を支払うことになるため、その分だけ投資収益が目減りしてしまうのだ。それにお金を払っているのだから、**投資をする前にぜひ時間を取って、面倒でも開示されている情報に目を通し、疑問点をただすべきだろう**。これはあとで時間の節約やトラブルを避けることとなるのである。

リスクにもいろいろある

パーキンス夫人は投資を進めていく決断を下した。証券会社の担当者が新たに勧めてくれた商品ならば、儲けが少しは増えるだろうと思ったからだ。これは人としては自然な思いであろう。しかし、**利益のことばかり考えていた夫人は、リスクのことを忘れていた**。どんな投資戦略にもそれなりのリスクがあるものだ。

リスクにもいろいろある。まず、相場の上げ下げによる市場リスクがある。

投資資産を預かるカストディ銀行が債務不履行に陥り、制度上機能しなくなるというリスクもある。債券や株式の場合にはその企業が倒産する恐れがあり、信用リスクがある。世界中で起きる出来事によって投資商品の価値が急騰したり急落したりすることもある。これを価格変動リスクという。通貨の購買力が低下すると、インフレや為替リスクが生まれる。

これらは投資家があれこれと考えるようなリスクではない。ほとんどは発生してもごく小さいか、発生する可能性がほとんどないものである。予測可能で備えが必要なのは、これら以外のリスクである。残念ながら、ごく小さいから、あるいは予測可能だからと言って、投資家が軽視してもよいというわけではない。リスクについては、柔軟で落ち着いた精神状態で研究しておくべきである。過度の不安や恐怖を抱く必要はなく、現実的に考えるべきなのだ。一九七三〜七四年のように株式相場が五〇％も下落したら、株式投資家としてはどう感じるだろうか？　大半の株式投資信託が二〇％以上も下落した一九八七年のいわゆる「ブラックマンデー」のようなことが起きても平気だろうか？　自分が使っている証券会社、銀行、あるいは貯蓄貸付組合が破綻したらどうすればいいのだろうか？　社債を発行した企業が債務不履行に陥ったら、保有している社債はどうなるのだろうか？　投資資産が一日に一％以上の上げ下げを始めたら、それを安心して保有していられるだろうか？　自分が株主になっている企業に悪材料が出てきたら、どう対応したらよいのだろうか？

これらは現実である。こういうことが実際に起きるのだ。こういうリスクはだれかが見ていてくれるだろうなどと、自分をごまかすのはとんでもないことである。「知らぬが仏」という態度で投資に臨むようなものである。そういうリスクが実際にあることを認めない人がいても、そういうリスクが存在しないということではない。一方で、そういうリスクについてよくよく考えるべきだという意味でもない。そういうリスクの影響は人によってそれぞれ違う。あるリスクを無視する人もいれば、気にする人もいる。ハイリターンを求めて別の投資に乗り換えようとするときには、それまでのリスクとは違うリスクがあることを理解する必要がある。また、別の投資に乗り換えるとコストがかかる場合もあるので、本当にその投資に乗り換える価値があるのかどうかを確認することも必要だ。

さまざまなリスクについて学ぼうとしない投資家もいる。リスクと向き合おうとしないか、単にかかわっている時間がないかのどちらかだ。そういう投資家にはセカンドオピニオンが欠かせない。医師が手術をする必要があると言ったら、ほとんどの患者はセカンドオピニオンを求めるだろう。ファイナンシャルアドバイザーに何かを勧められたら、その投資とは利害関係のない別のアドバイザーを探してセカンドオピニオンを求めればよい。

では、過去の投資の場合にはだれに責任があるのだろうか？　まずは過去に不本意だった投資をいくつか振り返ってみよう。次に最初から全部を振り返って考えてみることだ。違った判断を下していたら違った結果になっていたかもしれない、というポイントはあっただろうか？　利益が出たらどうするか計画を立てていただろうか？　逆行したらどうするか計画を立てていただろうか？

契約書を読んだだろうか？　精神的に落ち着いていただろうか？　投資を決めるにあたって感情的にならないために、最悪のシナリオを考慮しただろうか？　すべてのリスクを理解していただろうか？　自分にも厳しい質問をすることによって、将来投資で失敗することを避けることができるだろう。そうなれば、「これはだれの責任だろう？」などと言うこともなくなるだろう。

第5章

資金は運用会社に直接預けるな

何年も前から、わたしは過去に起きた大規模な金融詐欺事件の話を興味深く調べている。このような研究をする目的は、次のような例を挙げて投資家を脅して、先物の一任取引をやめさせようというわけではなく、自分自身が詐欺の被害に遭わないようにするためだ。ジョーンズ医師の身に降りかかったことは、どんな投資家にも起こり得ることである。資金が実際にはどこにあるのか、注意しながら読んでほしい。どんな投資家でも何かしら得るものがあるはずだ。

ジョーンズ氏はアリゾナ州フェニックスに住む歯科医で、ある週末に参加したカクテルパーティーで、歯科医仲間のケント氏とばったり出会った。二人は年金の話を始めた。すると、ケント氏が年金の運用で信じられないほどの好成績を上げているのが分かった。数カ月前から地元の資産運用会社ワイン・アンド・ローズ社に運用を任せていたのだ。ケント氏はその会社が具体的に何をしているのかについての知識はほとんど持っていなかったが、別の歯科医から紹介され、歯科医仲間は事情を理解していると思ったらしい。最近送られてきた運用報告書では、ケント氏の資産価値は三カ月間で二〇％上昇していた。ジョーンズ氏はその話に興味津々になり、その場でワイン・アンド・ローズ社の電話番号を教えてもらった。

ジョーンズ氏はその会社の情報を集めた。ワイン・アンド・ローズ社というのは、どうやら「より安全な金融先物商品」に投資するＣＴＡ（商品投資顧問業者）のようだった。驚くほど安定した実績を持ち、「過去一年間の収益率は四〇％を上回っていた」。ジョーンズ氏は自分の年金積立金の二五％をワイン・アンド・ローズ社で運用しようと決め、同社に送金した。

三カ月後、ジョーンズ氏の運用資産の価値は約一五％上昇していた。ジョーンズ氏は感心することしきりで、自分の年金の管理者と会ってからは運用資産を年金積立金の五〇％に増やした。ジョーンズ氏は毎月運用報告書が送られてくるのを待っていた。どのぐらい儲けが出ているのかを見るのが楽しみだった。

そしてある日、夜のニュースで、連邦保安官がワイン・アンド・ローズ社を閉鎖し、書類をすべて押収したと報じられていた。同社は月次運用報告書を粉飾していたらしく、投資家の資産の大半をシンガポールにある個人口座に移しているのではないかという疑惑も浮上していた。ＮＦＡ（全米先物協会）が調査に入っていたが、その後はＣＦＴＣ（米商品先物取引委員会）が調査を引き継ぎ、ワインとローズ両氏に対する告訴の手続きも取られるはずだと報じられていた。

早期退職というジョーンズ氏の計画は、このニュースと共に立ち消えてしまった。また、ジョーンズ氏は年金積立金の五〇％を失った。労働省でも、この年金の運用方針を調べたうえで、委託者であるジョーンズ氏が年金積立金の運用に慎重だったかどうかの調査を検討していた。まったく、何ということだ！

これは並みの投資家が購入を検討するような商品ではないと思うかもしれないが、もう一度よく考えてみよう。いずれにしても、数百人もの一般投資家の資産一五〇〇万ドルが消えてなくなったわけだ。ワイン・アンド・ローズ社の経営者のひとりは行方不明、もうひとりは横領と詐欺罪で逮捕された。この例を分析し、違った結末になっていたかもしれない重要なポイントを調べてみよう。

うますぎる話には裏がある

ジョーンズ氏は大化けする可能性を秘めた投資商品を見つけた。その時点で、だれかに頼んでチェックしてもらうこともできたはずだ。投資商品をきちんとチェックするためにふさわしい経験と知識を持った人物を見つけるのは難しいかもしれないが、大化けする可能性を秘めているのならば、そのぐらいの労はいとわないのが普通だろう。公認会計士は税制については詳しいが、十分な投資経験がない。弁護士は契約書を精読することはできるが、投資についてはほとんど知識がない。シカゴのＮＦＡの窓口に問い合わせていれば、このような投資商品の調べ方を教えてもらえただろうし、信頼できるＣＴＡの業界団体なら、投資商品の監査や調査の方法についての情報を提供してくれたはずだ。投資商品が大化けする可能性を秘めているなら、しっかりと下調べをしなくてはならない！　ジョーンズ氏の場合、ワイン・アンド・ローズ社に出向いてカストディ銀行発行の書類をもらい、素晴らしい実績を確認することぐらい何でもなかったはずだ。当然、そんな書類など存在しているはずもなく、ワイン・アンド・ローズ社を使うこともなかったはずだ。カストディ書類は偽造されるかもしれないが、カストディ銀行に電話を一本掛けていれば、ワイン・アンド・ローズ社の取引が架空のものかどうかは確認できたはずだ。要は、**話がうますぎると思ったら、通常の三倍ぐらいの力を入れて入念に調べてみることだ**。不正が行われている場合には、何かが良すぎるはずだ。運用実績の信憑性をどうやって確認したらよいのかは、年金の管理者に聞いてみよう。信頼できる担当者かデューディリジェンス（適正評価）の専門家なら、きっと喜んで教えてくれるはずだ。

資金は運用会社に直接預けるな

重要なポイントがもうひとつある。それはジョーンズ氏が小切手を切って、直接ワイン・アンド・ローズ社に送金してしまったことである。**資金は運用会社に預けるものではない**。簡単だが効果的なこの原則を守っていれば、詐欺に引っ掛かる可能性もかなり低くなる。例えば、投資信託の口座を開いたら、資金はそのファンドを運用する運用会社とは別のカストディ銀行に預ける。資金を保管・管理する会社と投資判断を下す会社は別でなければならないのだ。

もし運用会社が投資家の資金を保管・管理していたら、その会社はそれを投資することもできるし、あるいは持ち逃げすることもできる。資金の横領を防ぐ制約はほとんどない。しかし、運用資金を運用会社とは別の保管機関に保管していれば、運用会社が簡単に持ち逃げすることはできない。これは投資信託業界の標準的なルールで投資資金の大半は受託銀行に保管され、別の会社が運用を担当する。このような仕組みだと、信託財産の保管機関と運用会社との相互チェック機能が働く。当然、相互チェック機能をきちんと働かせるには、これらの組織が独立した企業である必要がある。ジョーンズ氏は、資金の運用を担当するワイン・アンド・ローズ社に小切手を送金することになっているのが分かった時点で、この投資には背を向けるべきだったのだ。

この簡単な原則を守っていれば、近年の不動産関連の悪徳商法や、一九八〇年代の石油市場の詐欺事件、商品やオプション取引の詐欺には巻き込まれずに済んでいたはずだ。また、未公開株絡みの悪質な取引などからも保護されていたはずだ。

資金を保管・管理する機関と投資判断を下す会社を別にするという原則を守っていれば、投資家が証券会社に資金を預けたまま証券マンのアドバイスを当たり前のように聞き入れてしまうこともなくなるはずだ。証券マンは長年にわたって投資に関するアドバイスを提供し、顧客の取引を執行することで報酬を得ている。こうした状況が成り立っていれば、証券マンが資金を保管し、顧客が投資判断を下すことになる。これがもし事実であれば、わたしの簡単な原則が破られることもなく、わたしもこれなら大丈夫だろうと思うはずだ。ところが、顧客は証券マンの推奨に「ええ、良さそうですね」という消極的な態度でうなずいてばかりいる。法的には証券会社が資金を運用することにはならないが、何を勧めても顧客が「そうですね」と言ってしまえば、実際には証券会社が投資判断を下して資金を運用していることになる。これでは資金を保管する会社と投資判断を下す会社とが同じになってしまう。多くの投資家の資金が今でもこのように扱われている。鋭い眼識がある投資家ならこう考えるはずだ。

「証券マンがこれを勧めてくれるのは、投資商品としてふさわしいからだろうか？　それともこれを売って手数料を稼ぎたいからか？」

わたしは、証券マンは売買手数料ではなく残高ベースの手数料を受け取るほうがよいと思っている。あいにく、今の世の中はまだそうなっていない。証券業界では、証券マンに売買手数料ではなく、継続的な手数料が支払われるパッケージ商品や、ラップフィー（**訳注**　投資一任契約に基づく年間費用）が設定された株式運用口座への流れがある。こうしたやり方がもっと一般に普及すれば、顧客の資産を保管する一方で投資アドバイスをするという矛盾も解消される。証券マンが多額の手数料を稼ぐための回転売買などを取り扱う弁護士の費用が要らなくなれば、証券業界にとってもメリットがある。証券マンが販売手数料を受け取らなくなれば、回転売買をするインセンティブもなくなるし、そうなれば訴訟を起こされる理由もなくなるはずだ。

運用会社と資金の預け先を別にすることは極めて重要だ。**自分の資産の一覧を作り、十分に相互チェック機能が働いているかどうかを調べてみることである。**相互チェック機能は、資産を保管する会社と投資判断を下す会社とを互いにチェックさせる簡単なやり方だ。ほかにも信頼できる第三者に投資判断を調べてもらうというやり方がある。

もし資産運用会社に運用を委ねているが、相互チェック機能がほとんど働いていないという場合には、所定の会計監査を依頼してファンドの財務状況を確認してもらうか、投資に問題がないかどうか詳しく調べてもらうとよい。また、自分の全資産を横領されないようにするには、資金の一部を安全な投資先に振り分けておくことを検討してみるのもよいだろう。

第6章

バランスの取れた状態を保とう

条件がすべて同じでも、成功する投資家と成功できない投資家がいる。その違いは何かと言えば、それは心理状態である。ジャック・D・シュワッガーの二つの著書**『マーケットの魔術師』**と**『新マーケットの魔術師』**（共にパンローリング）は、大成功している投資家たちへのインタビューで構成されている。その多くは伝説とも言われている投資家だが、投資の対象も戦略もそれぞれ違う。イライラを募らせている投資家は次のような疑問を抱くだろう。

「成功している投資家に共通している点とは何なのだろう。自分とどこが違うのだろうか？」

成功している投資家はみんな辛抱強い。大半が資金管理のテクニックを用いて注意深くリスクをチェックし、安心できるレベルに抑えている。だれもが自らの失敗から多くを学んでいる。しかし、彼らに共通する大きな特徴がもうひとつある。それは心理状態である。

ある晩のこと、ダウンズ氏が自宅で夕食を取ったあとに読書をしていると、ある証券マンから突然電話が掛かってきた。新規顧客を開拓しているジョニー・シャープという者だったが、とくに投資を勧誘してくることはなかった。

だが、もしうまそうな話を聞かされたら、ダウンズ氏は興味を抱いただろうか？「そういえば、もうすぐボーナスが出る……」。ダウンズ氏はしばらく考え込むと、そろそろ投資でも始めるか、と心を決めた。もう若くはなかったし、老後の資金もそれほど蓄えていなかった。「やろう」と彼は言った。

それから一週間後、ダウンズ氏はボーナスを受け取った。するとその日の夜、何とも良いタイミングでジョニー・シャープから電話があり、初めて投資アイデアを聞かされた。数日後に株式を公開する小企業があるらしい。それまでは小規模な独立店舗でしか販売していなかったが、商品を大量販売したいので、株式を公開するという。新しいアイデアだった。もし商品の売り上げ予測の半分しか売れなくても、株価は三倍に跳ね上がる可能性があった。ダウンズ氏の脳裏に札束が浮かんできた。すぐに株価が三倍になるのを想像した。妻や友人には投資の腕前を褒められるだろうし、経済的な安全性も増す。退職後に備えた計画の滑り出しとしては申し分ない。将来の見通しも明るくなってきたダウンズ氏はワクワクしてきた。そこでこの株を買うことにし、ジョニー・シャープに五〇〇株の注文を出した。

数日後、その企業の株式が公開された。するとその日の晩にシャープから電話があり、公開株は大人気で、募集額を上回る応募があるというニュースを伝えてきた。初値は一株一ドルだったが、その日の取引が終了するころには一株二ドルに跳ね上がっていた。そのニュースを聞いたダウンズ氏は興奮し、全身に活力がみなぎるのを感じた。夢が現実味を帯びてきた。万事が順調だった。直感が当たったった。そして明日の株価予想を聞いてさらに興奮が高まったダウンズ氏はシャープにこう言った。

「状況を把握していたいから、明日職場のほうに電話をくれないか」

シャープもそれに同意した。値動きが速いため、どこで利食いをするかを決めなければならなくなりそうだった。

そして翌日、株価は三ドルに上昇した。シャープは電話でこう言った。

「わが社の調査部の目標価格は三ドルなんです。きっとこの辺りで利益を確定されたほうがよろしいかと思いますが」

良い考えだ。ダウンズ氏はそう思い、利益を確定して現金を手に入れた。これで投資での勝利を味わうことができた。その後もダウンズ氏は投資を続けた。

快感だった。濡れ手で粟とはこのことだ。早期退職のことは、あと何回か売買してから考えよう。ダウンズ氏はそう思っていた。

投資が成功したことを祝って妻と夕食に出掛けたダウンズ氏だが、帰宅するとちょうど電話が鳴っていた。シャープからだった。来週また株式を公開する企業があり、これも期待できるという。確かに、つい先日売却して利益を確定した銘柄よりも良さそうだった。ダウンズ氏は話を聞いて納得し、二〇〇〇株の注文を出した。このような期待できる銘柄にならら大金を注ぎ込んでもよいだろうと考えたのだ。

あまりにもありきたりな話だ、とまでは言わないが、このあとどうなったかは容易に想像がつくだろう。ダウンズ氏は首を長くして株式公開を待っていた。そしてとうとうその日がやって来た。ところが初値は冴えず、その後すぐに値を下げ始めた。幹事会社も株価を安定させようと努めたが、一度も値は戻らなかった。そのまま数週間が過ぎたが、利食いできそうな好機はまったく訪れなかった。シャープがまたも別の話を持ち掛けてきたが、ダウンズ氏は資金の大半をこのひとつの銘柄に注ぎ込んでいた。結局、その企業は経営難に陥り、倒産してしまった。ダウンズ氏の夢が悪夢と化した瞬間だった。もう早期退職のことを考えている場合ではなくなった。「ホラ、みたことか」と友人にも言われる始末。気のせいか、妻の小言もだんだんうるさくなってきた。これからもずっと働き続けるのかと思うと、仕事に対するプレッシャーもかなり感じるようになってきた。ダウンズ氏はいつもイライラしているような状態になった。たった一度の投資で人間の心理状態がここまで変わってしまうのかと思うとびっくりするが、投資家にはよくあることである。

バランスの取れた心理状態を維持する

それでは、この例を心理状態に着目して分析してみよう。**成功している投資家とそうでない投資家との大きな違いは、どのような心理状態で投資に取り組むかである。**ダウンズ氏はごく普通の人間だ。事が順調にいっているときにはうれしくて大喜びし、将来を楽観視するが、事態が悪い方向に向かうとイライラする。将来を悲観し、何を見るときもマイナス面しか見なくなる。

皆さんはたまたまこの事例を読んでいるだけだから、心理的にも距離を置き、客観的に読めるかもしれない。話の結末もすぐに分かったかもしれない。それはこの事例を読む前にさまざまな投資のシナリオを頭に描いていたからだろう。おそらく客観的に読んでいるから、さまざまな可能性が浮かんでくるのである。実際にダウンズ氏のような心理状態であれば、何も見えなくなっていた可能性は高い。

成功している投資家の心理状態を一言で言うなら、まさに「バランスが取れている」ということだろう。感情的になると、つまりバランスを欠いた状態になると、心の働きが制限されてくる。アドレナリンが流出し、興奮したり不満が募ったりすると、いろいろな選択肢について客観的に考えられなくなる。成功している投資家は比較的感情に流されず、投資とも距離を置いていられるため、投資のプロセスを楽しいゲームとして見ることができる。これを挑戦だ、頭の体操だ、と言う投資家もいる。成功している投資家は、イライラしている多くの投資家のように感情の起伏が激しくなることはない。次に投資をするときには、皆さんも客観的な心理状態を保つことができるだろうか？

映画に出演している自分を見るように投資を客観的に見る

わたしの場合、自分が出演している映画で自分を見るようにしている。これは投資だけではなく人生全体にも当てはまるが、当面は投資のことだけを考えてみよう。もし自分が意識的に投資のプロセスに関与するのではなく、ポートフォリオを管理している自分をもうひとりの自分が客観的に眺めることができるなら、ある程度達観した心理状態になっていることになる。証券マンに相談するのではなく、証券マンに相談している自分をもうひとりの自分が第三者の立場で眺めるのである。投資を理解しようとするのではなく、投資を理解しようとしている自分をもうひとりの自分が見つめるということである。

映画に出演している自分を見るように投資を見るのがよいというのは、興奮したりイライラしたりしている自分を客観視することができ、それについて何かしらの手段を講じることができるからだ。投資にすぐに感情的になる人は、自分が感情的になっていることに気がつかないものである。感情が高ぶっている状態だと、冷静かつ客観的にほかの選択肢を評価することができなくなる。**自分が感情的になっていることが分かったら、もう少し冷静になるまで投資判断を見送るか、心理状態が落ち着くまで待ってみることである。**

かつてある投資本の有名な著者が、市場が開いている間は投資判断を下すべきではないと話していた。最初のうちは重要な時間を無駄にしてしまうのではないかと思ったが、よく考えてみると、過熱した市場が閉まり、感情が静まるのを待ってから投資判断を下すべきだと言っていたのだ。

うまくいかなかったときのことも考えておく

これで皆さんもバランスの取れた心理状態で投資について考えられるようになるだろう。そうなればもうバランスの取れたシナリオに備えるのは簡単だ。**ひとつの投資アイデアでも、うまくいく可能性とうまくいかない可能性の両方についていつも考えておくようにすることである。**これでバランスの取れた心理状態を保つことができる。投資がうまくいっても過度に興奮することはないし、うまくいかなくても過度にイライラすることもない。

どんな投資でもうまくいかない可能性を想定しておくことはできる。とんでもない話だが、例えば、老後の蓄えを全部Tビル（米短期国債）に投資したいという人について見てみよう。わたしなら「投資先を分散したほうがいいですよ」と言うが、この人はこう主張する。

「政府保証の債券ですよ。うまくいかないはずがないでしょう」

なるほど。それでは、もう少し想像力を働かせてみよう。アメリカでは財政赤字が拡大の一途をたどっており、国民からも批判を浴びている。すると議会は財政を見直して、国債の利払いを一時停止すれば赤字減らしができるかもしれないと考える。利払いの必要がなくなれば、政府の収支もプラスになるし、これまでは余裕がなくてできなかったプログラムにも予算を投入できるようになる。また、Tビルを保有しているのは、ほとんどが金持ちと外国人だ。そう判断した議会は、とても正気とは思えない考え方で（議会はときどきこういうことを考える）、Tビルの利下げだけではなく、利払いの先送りまで決めてしまう。Tビルは暴落し、満期まで保有していても利息を受け取ることはできなくなる。こんなことが起こり得るのだろうか？　あるわけがない！　可能性としては？　おそらくないだろう。ただ、議会が皆さんの投資資産の価値を変えてしまうこともあり得るのだという説明をしただけだが、それでも自分の資金を全部Tビルに投じるのが賢明なやり方だと言えるだろうか？

投資では必ず最悪のシナリオを想定しておくことだ。株式の場合には企業の倒産や市場の暴落があるかもしれない。債券の場合には利払いの停止、不動産や地方債、保険商品の場合には税制の改正も影響する。もし最悪のシナリオに備えられないというなら、信頼できる証券マン、ファイナンシャルプランナー、あるいは投資アドバイザーに相談してみるとよいだろう。バランスの取れたシナリオを描く目的は、良いときと悪いときの両方の可能性に備えてバランスの取れた心理状態を保つことである。また、損失がどんどん膨らむのを防ぐために損切りを設定しておくのもよいだろう。そうすれば客観的な立場で考えることができるし、論理的な判断を下すときにも余裕を持って臨むことができる。

第7章

うまくいっているものをいじるな

あまりにも楽観的に投資に臨む人についてのわたしなりの考え方はすでに述べたが、そういう人はグラスにはまだ水が半分も入っていると考える。逆に、グラスにはもう水が半分しか入っていないと考え、何がおかしいのかを調べるのにかなりの時間を費やす投資家もいる。こうした考え方は彼らの投資にも表れている。ジム・フランクリンのケースを見てみよう。

ジム・フランクリンは慎重な投資家だ。何にでもすぐに飛びつくような人間ではない。アトランタに住むファイナンシャルプランナーであるニール・グランティーから投資信託の自動運用プログラムの話を聞かされた。自動運用プログラムというのは、コンピューターが売買のタイミングを判断し、そのときのトレンドに応じて最適なファンドで資金を運用するというものである。相場が強いときには市場にとどまり続け、高いリターンを上げるが、相場が大きく下げているときには、ファンドで運用していた資金を短期金融市場に移し替えて顧客の資産を守る。相場が横ばいのときには、上昇に転じるとすぐにプログラムが作動するが、その上げ相場が短期間で終わると分かるや、またすぐにプログラムが作動する。この間は市場平均を割り込むことがあるが、わずかな損失で済む。このプログラムの場合、ひとつの市場サイクルで見ると、市場平均を二％上回る収益を上げ、かつ通常の市場リスクを三五％低くできる可能性があった。

フランクリンはこうしたデータを研究してから、投資信託の自動運用プログラムをいくつか調べてみた。その間は市場も好調に推移していた。これでフランクリンはこのプログラムの力強さを信頼し、最終的に二社のプログラムで運用を始めることにした。

一社目のプログラムは、新たなシグナルを待たずに運用を開始したときのトレンドに乗って、すぐにファンドでの運用に入った。新規顧客の資金の場合にはそうするのがこのプログラムの運用方針だった。二社目のプログラムは、次の買いシグナルが出るまでファンドでの運用を見送った。そのほうがリスクも低くなると判断していたからだ。これがこのプログラムの新規顧客の資金の運用方針だった。両社とも素晴らしい実績を上げており、運用もしっかりしていたが、運用方針については戦略が違っていた。

フランクリンは自分が投資したプログラムをチェックし始めた。相場もしばらくの間は上昇を続けた。すぐにファンドでの運用を始めたプログラムは絶好調のように見えたが、当初は短期金融市場で運用していたプログラムのほうは大きく水をあけられてきた。フランクリンは不安が募ってきて、二社目のプログラムの運用担当者に電話を掛け、すぐにファンドでの投資を始めてくれと怒鳴りつけた。すると、ほかの顧客の資金を運用し始めたときと比べると、今はリスク・リワード比が高いので、次のシグナルが出るまで待ったほうが賢明だ、と運用担当者が丁寧に説明してくれた。資金を委ねているのに相場の動きを見逃すとは何事だ！　そう思うと、フランクリンの不安はさらに募っていった。

その後、市場は横ばいに推移し始めた。プログラムは二つとも買いシグナルが出ればファンドで運用し、売りシグナルが出れば資金を引き出すという戦略に従っていたが、市場が方向感を失ってくると、どちらも損失を出すようになった。一社目のプログラムは利益を積み上げていたので多少の分配金を手にすることができたが、二社目のプログラムは最初はファンドで運用していなかったので損失を出してしまった。両社とも文字どおり決められたプランに従っていた。全体としてはわずかな損失を出しただけで済んだのに、フランクリンは怒り心頭に発し、市場の動向に乗り遅れたと言っては、二社目のファンドの運用担当者に怒りをぶつけていた。振り返ってみると、本人でさえ上げ相場だというのは分かっていたし、しかも専門家なのだからその動きを見逃すはずはないというわけだ。一社目のプログラムにしても当初は利益が出ていたものの、今ではその利益もすっかり目減りしている。プログラムは二つとも損失を出し、今後もさらに損失は膨らみそうだった。フランクリンはときどき運用担当者に電話を掛けてうっ憤を晴らしていたが、運用担当者は冷静にこう答えた。

「わたしどもはきちんとプログラムに従って運用しているだけなんです。いずれ収益も上がってきますし、リスクも低くなってきますから」

フランクリンは毎朝新聞に目を通しては腹を立てていた。毎月、運用報告書が送られてくるたびに「悪材料が増えていった。もうたくさんだ。「タイミング戦略などうまくいくわけがない」と言っていた人間はみんな正しかったんだ。フランクリンはそう考え、プログラムを二つとも解約すると、次の運用先が決まるまでその資金をＭＭＡ（**訳注**　金融市場預金勘定。証券会社のＭＭＦに対抗してアメリカの銀行が提供している高利回りの金融商品）に移してしまった。

損失は問題ない

投資家は五～一〇年にわたって素晴らしい運用成績を残している投資商品や運用プログラムを購入するものの、損失が出始めるとわずか四カ月程度で資金を引き出してしまうことが多い。これには驚かされる。どの運用成績を見ても、大きくプラスで推移している時期もあれば、大きくマイナスに転じる時期もある。相場は周期的に動くのだから、現時点でまったくマイナスになっていなくても、いずれマイナスに転じる可能性もある。少なくとも倍の時間をかけてチェックしてみたい。

利益を出すには損失も欠かせない要素になる。損をしても問題ないのである。単に利益を出すことが良いことで、損失を出すのが悪いことではない。損失を出さずに利益だけを期待するのは、息を吐かずに吸うことだけをしている状態とやや似ている。利益も損失も、共に投資のプロセスには不可欠なものなのだ。フランクリンが投資を決断して運用担当者に指示したときは、ちょうど利益が出ていたときで、そのあと損失が出る時期に入ったというわけだ。

もし一カ月早くプログラムの運用を始めていれば、まずは損失を経験してから利益を経験し、やがてまた損失を経験するというサイクルになっていたはずだ。成功している投資家にとっては、いつプログラムを始めようが関係ない。利益も損失も成功には不可欠であることを知っているからだ。フランクリンが投資を始めたときの市況を見てみると、プログラムは二つとも計画どおりに運用されていた。プランにも問題はなかった。フランクリンが激怒するのは理不尽である。自分の長期戦略に納得しつつ、プログラムの運用を二つともそのまま続けるべきだったのだ。

損失を抑える

投資家が損失を抑えられるポイント、あるいは膨らませてしまうポイントなどない、と言うつもりはない。プログラムがうまく機能していないときには自分で判断を下すべきだということだ。また、市場環境が厳しく、次の大きなチャンスが訪れるまで待たなければならないようなときにも自分で判断を下す必要がある。最も簡単な投資プログラムのチェック法は、投資をする前に予想できる特徴をいくつか書き出してみることだ（投資商品をチェックすることについては、次章で詳しく取り上げる）。投資商品や運用プログラムについてあまり詳しくないというなら、信頼できるファイナンシャルアドバイザーに助けを求めるとよい。**最高のシナリオと最悪のシナリオ、そして予想されるシナリオを描き出してみることだ。また、上げ相場のとき、下げ相場のとき、そして横ばい相場のときにはどのような成績が予想されるのかを書き出してみることだ。**もしファイナンシャルアドバイザーに相談するなら、今後自分の運用成績がそれぞれの市場環境によってどう変わるのかも調べてみることだ。**予想される結果をイメージし、それにどう対応するかを心のなかでリハーサルしておくとよい。**また、自分の運用成績と自分で作ったシナリオとを定期的に分析し、過去の結果を調べてみると意外な驚きがあるだろう。もしあれば、自分の運用資金を別の投資先に移したほうがよかったということなのだ。もし過去の結果が自分のシナリオどおりなら、プログラムがきちんと機能しているということだ。うまくいっているものをいじる必要はない！

第8章

資産運用の監視法

資産運用の監視は、科学ではなく芸術である。わたしがそう言うのには理由がある。多くの投資家は単なる数字に換算して監視しようとするが、わたしはその方法を知らないからだ。投資家によって監視法はそれぞれ違う。例えば、月次報告書を見ればよいという投資家もいれば、日誌で一目見るだけだという投資家もいる。また、実現した利益と損失を毎年納税申告のときに確認するだけという投資家もいる。それでは、ここでひとつの事例を見てみよう。

フランク・リーはある企業の幹部で、フロリダ州オーランドに住んでいた。退職を決意したリーは、資産運用のプロに退職金の運用を任せて悠々自適の老後を送ろうと考えた。ファイナンシャルプランナーのジョン・ベントンの助けを借りて資産運用会社を決め、自分と妻のために比較的安全な株式ポートフォリオで運用してもらうことにした。

出だしはすこぶる順調だった。運用資産の価値は最初の半年で二〇％上昇した。だから、ベントンが電話で「客が口座を解約したがっているんですよ」と凄まじい勢いでまくし立てているのを聞いたときの運用会社の担当者の驚きようといったらなかった。担当者はリーに電話を掛け、少し落ち着くようにとなだめると、二週間以内に市内で会いたいと言い出した。

リー夫妻はベントンの事務所でその担当者と面会した。「もう耐えられません」とリーは担当者に切り出した。リーは資産価値が上がって儲けが出ていることは分かっていたし、自分が投資しているのが長期的なプログラムだというのも分かっていたが、毎朝新聞で株価が上がったり下がったりするのを見ているうちに心配になったのだ。ポートフォリオの価値は上がっていたものの、リーは自分の健康のことや、新聞に目を通すたびに感じるプレッシャーを気にしていた。そこで担当者は簡単な解決法を提案した。朝刊の購読をやめればよいというわけだ。リーは納得したが、いずれにしても心配の種は今後もなくならないだろうと考えた。おそらく地元の貯蓄貸付組合のCD（譲渡性預金）で運用するのが唯一の解決法だ。相場の気まぐれから資産を守るにはそれしかない……。

リーは資産運用会社の口座を解約すると、地元の貯蓄貸付組合に出向いた。そしてCDでポートフォリオの運用を始めると、安心して退職後の生活を楽しむようになった。ところが、しばらくしてその貯蓄貸付組合が破綻してしまった。ＦＳＬＩＣ（米連邦貯蓄貸付保険公社）が財務監査を実施し、投資家をどう保護するかを決定するまで、リー夫妻は資金を引き出すこともできなくなった。規制当局も動き出し、リーの心配の種もまた増えてきた。それから数週間後のこと、リーは心臓発作で世を去り、そうした心配事からようやく解放されたのだった。

この悲劇は投資プログラムの監視法について何を語ってくれているのだろう？　リーが投資のプロセスで犯した大きなミスをいくつか振り返ってみよう。

適度な期間を置いて監視する

リーは自分のポートフォリオを毎日監視することにした。要するに退職して時間ができたので、この監視を退職後の生きがいのひとつにしようと思ったのだ。一日中投資のことを気に掛けていればかなりの時間をつぶせるだろうという考えもあった。これは自分がこうしたいと「意識のうえで思っている」ことよりも、「無意識のうちに本当に望んでいること」を心のなかで実現してしまう好例である。

運用会社に運用を任せている株式ポートフォリオを自分で毎日監視する意味はあるのだろうか？　わたしは無意味だと思っている。コンピューターに運用実績を記録しているため、それを毎日管理する必要はあるものの、わたしはそれが順調にいっているのかどうかを月に一度確認するだけである。それでも、何カ月もの成績の平均値を出してみないと、それぞれの投資先の成績を正確に評価することはできない。**たった一日の成績を確認したところで、投資戦略がうまく機能しているのかどうかを判断することはできないのだ。**しかし、忘れてならないのは、たった一日の値動きでも投資家が行動を起こさなければならないほど重要なものもあるということだ。**要は、監視する間隔を短期的な相場の乱高下を無視できる程度に長くしつつ、かつ投資家が投資戦略を見直して適切な行動を取れる程度に短くすることである。**自分の投資を効果的に監視したいなら、どの程度の期間を開けて監視するべきかを少し考えてみることだ。そして投資プランを忠実に実行することである。

市場環境を調べる

わたしはポートフォリオを監視する前に、まずは全体的な市場環境を調べることにしている。例えば、株式市場が五％下げている月に、運用を任せている株式投資プログラムが平均三％下げているなら、それはもう御の字である。株式市場が一〇％上げているのに、自分のポートフォリオが五％しか上げていなければ心配になる。自分のポートフォリオの収益率が一二カ月にわたって市場平均を下回っていたら――仮に市場よりもリスクを大幅に低くしてそうなったのでなければ――、大いに心配になる。だから単に利益を出すのが良いことで、損失を出すのは悪いことだというのは単純化しすぎなのである。

ある日、証券マンがこんなことを言っていた。

「わたしどもは投資収益と安心をお客様に提供しているんですよ」

大半の投資家にとって、投資収益を監視するのは良い方法だ。投資収益を分析するのも良いだろう。しかし、投資プログラムを解約したいという衝動に駆られるのは、安心できていないからであり、それが解約という決断を迫るのだ。

自分のポートフォリオがさらされている市場環境を調べ、しっかりした見通しを立てることである。前章では、最高の場合、最悪の場合、予想される場合に分けて、それぞれ投資から予想できることを書き出してみるとよいという話をした。監視していると、「これは自分の予想どおりの値動きだろうか？」という疑問がわいてくるだろう。もし予想どおりに動いているなら、ほかのことに専念すればよい。もし予想どおりに動いていなければ、時間を割いてなぜ予想どおりに動いていないのかを考え、考えられる行動を起こす決断を下せばよい。先に進めたいなら、運用方法を変える、あるいは投資に対する認識を改めるなどして、それに従っていけばよい。

市場環境が変わると投資収益がどう変わるのかを理解する

ある市場環境で順調にいっているかどうかを判断するには、自分の投資資産がどう運用されているのかを十分に把握しておくことも重要だ。例えば、投資信託の自動運用プログラムで運用するトレンドフォロー型の投資の場合、相場がちゃぶつき、横ばいに推移しているときには、多少の損失が出るだろうと予想する。大相場になったときには市場平均にはわずかに追いつかないかもしれないが、大きな収益が期待できる。仮に下げ相場が長期間続いている場合には、短期金融市場でわずかな収益を上げるには時間がかかるが、市場平均を大きく上回ることが期待できる。自分の投資戦略を異なるシナリオにどう当てはめればよいのかを理解していれば、自分の期待どおりの値動きをしているかどうかに関係なく、しっかりした大局観を持って先に進むことができる。

どんな投資にもリスクはある

フランク・リーは、株式投資をやめればリスクもなくなるし心配事もなくなるだろうと考えた。「貯蓄貸付組合のCDならリスクはないだろう」。そう判断したわけだ。だが、どんな投資にも多少のリスクは付き物だ。リーは市場リスクの代わりに信用リスクをとっただけなのだ。どちらかのリスクのほうが重要だと言うつもりはない。市場リスクをとりたがらない投資家もいるが、そういう投資家にはCDが良いだろう。だが、忘れてならないのは、どんな投資にも多少のリスクが存在し、それを無視するのではなく、それに向き合うことが大切だということだ。リスクを無視すれば安心が得られるかもしれないが、それは見当違いということもある。

リスクに背を向けることはできない。思い出してほしい。**最大のリスクとは、リスクをとるのを嫌がること**ではなかったか。リスクをとらなければ、何においても成功する確率はゼロである。

投資という川でうまく舵取りをする

わたしがミズーリ州セントルイスに居を構えてから二〇年以上たつ。ミズーリ州には小さな川がたくさんあるので、わたしはカヌーで「川下り」をしながら美しい田園風景を見て楽しんでいる。わたしたちは二人乗りのカヌーをよく利用する。ひとりが前に座って前方を確認し、もうひとりが後ろに座ってオールを漕ぐ。これはファイナンシャルアドバイザーと投資家の関係と同じである。ファイナンシャルアドバイザーが前方の障害物や好機があるのを指摘しても、投資家がその好機に向かって自分で舵を取ろうとしなければ良い仕事をするのは難しく、トラブルを起こして針路を外れてしまう。

金融市場という川はある方向に流れている。市場の流れに沿って進んでいるときには、単にリラックスして川下りを楽しんでいればよい。市場の流れが急になってきて、いとも簡単に大きな利益が転がり込んでくるような場合には、考えられる障害物やトラブルを避けながら舵を取る必要がある。市場の流れに逆らってもっと上流に行ってみようというときには、先へ進もうと必死でオールを漕がなければならない。下落相場のときに株で大儲けしようとするようなものである。必死でがんばっても、せいぜい収支トントンというところだろう。一九八七年に起きた株式市場の大暴落（ブラックマンデー）のようなときには、株で儲けようとは思わないだろう。急な流れに逆らって上流まで行ってみようとするのと同じである。

だから、自分の投資の成果を監視するときには川の流れに例えてみるとよい。川の流れに沿って進んでいるときには、儲かっているからと言ってあまりはしゃぎすぎてはいけない。すぐ先に荒々しい流れが待っているかもしれないからだ。川の流れに逆らって進もうとしているときには、なかなか先へ進めないと言ってあまりイライラしてはいけない。自分の努力が報われるのは、川の流れに沿って進んでいるときなのだ。

第9章

素晴らしい運用実績を追い掛けるな

イライラしている投資家が共通して犯すミスのひとつが、素晴らしい運用実績を追い掛けることである。矛盾しているかもしれないが、大多数の投資家に言いたいのは、最高の運用実績を誇る運用会社を選ぶことが投資でイライラを募らせる一因になる場合もあるということだ。トム・ウインターのちょっと笑える例を見てみよう。

ウインターは典型的な新米投資家である。一九八〇年代に少し貯金をしていたので、そろそろ投資をしてみようと決心し、友人や証券マンにも積極的に投資の話をするようになった。ただ、マイク・ロビンズに出会うまではウインターの心を引きつけるような話は何ひとつなかった。ロビンズはおしゃべりな男で、うわさ話やうまい儲け話、投資理論などを話すのが好きだった。投資の話となると、それはもう情熱的だった。ウインターの目には投資の天才のように映った。金に投資して大儲けしている人が大勢いる、という話もロビンズから聞いた。最近の金相場は、一オンス二〇〇ドルから七五〇ドル辺りまで上昇していた。金塊を買った投資家は二七五％もの利益を出しているって！　ウインターは興味津々になってきた。そんな話を聞いて、自分も金で儲けてみたい、そう思わない人がいるだろうか？

数日後、ウインターは金への投資を始めた。結局は一オンス八〇〇ドルで買うことになったが、相場はどんどん上げていたので、価格はまったく気にならなかった。一カ月以内に金相場は一オンス一〇〇〇ドルを付けそうだし、ロビンズからも、専門家の話として向こう四年以内に一オンス三〇〇〇ドルの大台に乗せる可能性があるというのを聞いていたからだ。

ところが、金相場は三〇〇〇ドルどころか、一〇〇〇ドルにも届かず、ウインターが投資をしたのとほぼ時を同じくして急落してしまった。それから数年がたった。ウインターはじっと耐えていたが、相場は下落する一方で、楽しいことは何ひとつなかった。ウインターはまたロビンズにばったり出会った。すると、ロビンズが小型株に特化したファンドで儲けたと言って興奮しているではないか。ウインターはそのファンドの運用会社の電話番号を教えてもらい、電話を掛けてみた。ここ三年間の収益率は年三〇％らしい。確かに、これならどんどん下がる金相場を眺めているよりもはるかに良さそうだ。ウインターは金を売った資金をその運用会社に委ねた。

ちょうどそのころ、小型株の相場が天井を付けていた。新しい運用会社は損失を食い止めるために手を尽くしてくれたが、奇跡を起こすことはできなかった。ダウ採用の大型株は連日のように新高値を更新し続けたが、ウインターが買った銘柄は下落した。しかし、ウインターはまた耐えながら、新しい運用会社ならうまく利益を出してくれるだろうと信じていた。そして手放さずにずっと保有していようと誓った。

それから数年後、ウインターは人気があったジャンクボンドでまた同じことを繰り返してしまった。その後、投資銀行のドレクセルが破綻したのを受けて、ジャンクボンドも暴落した。後の一九八七年にはＬＢＯファンド（**訳注**　買収先の資産を担保とする資金の借り入れによって買収し、その企業を再建してから売却して利益を出すファンド）に投資したが、ウインターはこの年の株式市場の大暴落（ブラックマンデー）によって特殊な状況に置かれた企業の株を保有していることに気がついた。それから数年後、またも同じことを繰り返した。今度は商品市場に投資する人気のファンドだったが、これも途中で立ち消えになってしまった。ウインターが次に手を出したのは、数十億ドルを運用し、過去一〇年にわたってナンバーワンの運用実績を誇っていた投資信託。ところが、このファンドも行き詰まり、結局はウインターが買った基準価額を下回る羽目になってしまった。

トム・ウインターは負け組だった。彼は良さそうな投資話を聞くたびに興味を持ったが、決まってタイミングがずれていた。投資の世界に足を踏み入れてから一〇年後、彼は不満だらけの投資家になっていた。

きっとどこかで聞き覚えのある話だろう。なぜなら、これは投資家たちに共通して見られる問題だからである。自分が直接こうしたことを経験していなくても、ほかに経験した人を知っている、という人が必ずいるはずだ。この話から何が学べるのかを見てみよう。

集団心理は間違っている

みんなが買って儲けているという話を聞いたら、そのアイデアに乗らずにいるのは難しいかもしれない。ただ、不満が募るのは嫌だというなら、自分のやるべきことだけに集中していればよい。アダム・スミスはベストセラーになった著書『マネー・ゲーム――情報に賭ける社会』（マネジメントセンター出版部）のなかで、投資家心理について書かれた本としては**『狂気とバブル――なぜ人は集団になると愚行に走るのか』**（パンローリング）がベストだと述べている。題名がすべてを物語っている（**訳注**　原題は〝Extraordinary Popular Delusions and the Madness of Crowds〔常軌を逸した大衆の妄想と集団の狂気〕〟）。わたしは、新規顧客の契約数が異常に増えてくると、その投資商品はすぐに値を下げることに気がついた。逆もまた真なりで、ほとんどの顧客がその投資商品から手を引いた途端にまた値を上げるのである。顧客の契約数から解約数を引いた純増数から、市場の高値と安値を示す指標を作ることができるほどだ。

投資家として成功したジム・ロジャーズは、投資で成功するには、部屋の隅に落ちているのにだれひとり見向きもしない小銭のような投資商品が見つかるまで待つプロセスが大切で、それを見つけたら拾えばよいと述べている。伝説の投資家といわれるジョン・テンプルトンやウォーレン・バフェットも、割安株を見つけたらそれを買い、やがてほかの投資家に発見されて株価が適正価値に押し上げられるまで辛抱強く保有し続けて利益を出すことで知られている。

　ある投資商品の運用実績が素晴らしいという話を数ある情報源から聞いても、すぐにそれに飛びついたりせず、今は見向きもされないほかの投資機会を探すのがよいだろう。最高の投資アイデアというのは、一般投資家にとっては退屈で魅力がなく、面白味にも欠けるものなのである。

第10章

これが良い投資話でなければ何なんだ？

前章では、そのときに最も人気のある投資商品を追い掛けることの問題点について述べた。投資家が、株価が天井を付ける直前にその株を買うのはよくあることである。だが、投資の世界ではよくあることだが、次に挙げる例が示すように、逆に株価が底を付けると投資家は不満を募らせる。

ブライアン・スローンはカリフォルニア州で不動産ディベロッパーとして名を成した。二〇年にわたって数え切れないほどのオフィスビルの設計、建設、購入、販売に携わり、その間にかなりの資産を築いた。不動産業界からも、市内の優良物件を手掛ける業者として一目置かれていた。

ところが、一九八〇年代後半から一九九〇年代前半にかけて、不動産市場にも陰りが見えてきた。スローンも事業規模を縮小しつつ、落とし穴を避けながら成功した事業を維持できるように、慎重に行動した。既存のビルの管理業務に集中し、「優良物件」を買おうとあちこちをくまなく探し回ったものの、数年たっても優良物件などどこにも見当たらなかった。税制が改正され、オフィススペースも過剰供給されてくるにつれて、スローンは市場が再び活気を取り戻すには数年はかかりそうだと考えるようになった。

スローンはじっと座って時間を無駄にするような人間ではなかった。「株でも買ってみるか」と、自分の努力を少し株式投資に振り向けることにした。だが、株を買ったままではよかったが、証券マンからちょっと話を聞いただけで手を出したので損をしてしまった。そこで彼は投資にもっと真剣に取り組もうと心を決めた。いずれにしても不動産事業ではさほど利益が出ないのだから、資産をしっかりと運用して儲けを追求するべきだと思ったのだ。

スローンは株式投資でも不動産物件を買うときと同じ手法で取り組んだ。まずは人気のある金融関連の新聞や雑誌に目を通し、大きく売り込まれている銘柄を探した。すると、業績は一時的に落ち込んでいるものの、回復の兆しが見えてきた優良企業の記事にとくに興味をそそられた。そこでその企業の株価が一〇～二〇％下がるまで待ち、割安になったところで買った。いわゆる「買い場」が訪れるのを待っていたわけだ。実際に時間をかけて見ていると、そういう買い場がすぐに何度も訪れたので、選択肢も広がってきた。そこでスローンは企業のファンダメンタルズを調べ、証券会社に各企業の報告書を送ってもらった。そして取引コストを抑えようと、各銘柄を一度に大量に買い付けた。ハイテク株が中心だった。値動きも軽いし、最高の収益が見込めるだろうと踏んでいたからだ。

それから二～三年がたつと、スローンは保有している銘柄について面白いことに気がついた。いくつかの銘柄が大幅に値を上げていたのだ。スローンはまた買い場が訪れるまでじっと待った。そして現在値のすぐ下に指値注文を置いて安く買った。数週間もたたないうちに株価は元の水準に戻り、目先の利益を生み出していた。

そのころ、ほかの保有銘柄にも良い買い場が訪れたように見えた。スローンは待った。そして割安になってきたところで買うと、さらに株価は下がっていった。実は、ひとつの優良銘柄が一株三五ドルから一九ドルまで下げ、三回の買い場を提供してくれた。彼は株価が下がるたびにナンピンしていったので、含み損が膨らむ一方だった。

当面はすべてが順調だった。上昇した銘柄は見事に目先の利益を出してくれたが、下落した銘柄はその勢いを失っているように見えた。全体的なポートフォリオの価値はさほど上がっていなかったが、スローンはここで大きな利益を確定しておいてもよかった。

結局、スローンはさらに買い場を提供してくれた銘柄を大量に買い付け、急上昇しそうな銘柄を売ってしまった。するとポートフォリオには負け組のような銘柄が増え、輝かしい銘柄が減り、どうにも立ち行かなくなってきた。不動産の場合と同じように、スローンは安値で株を買った。魔法の解決法を探したがどこにも見当たらなかった。やがてスローンは自分のポートフォリオに不満を抱くようになり、次なる策を考えた。

価格が安いものはさらに安くなることがありうる

スローンの話から得られる一つ目の教訓は、単に投資商品を安く買えば成功が保証されるかというと、それだけでは不十分だということだ。投資している銘柄や運用を任せているファンドがどんどん値を下げているときに、その下落に歯止めを掛けられるのは、その価格がゼロになり、全資産を失ったときだけなのだ。ある投資家にとっては「買い場」でも、別の投資家にとっては法外に高い価格に見えることもある。

投資商品の場合、適正価格と言えるのは現在、市場で取引されている価格だけである。毎日、買い方と売り方は一緒になって投資商品を売買しているが、両者が共に適正価格で取引できていると思っていなければ、取引など一向に成立しない。いくら下調べをしても魅力的な投資先を見つけるのは不可能だというわけではないが、安い買い物をしたと思っても、さらに安くなる可能性があることを忘れてはならない。

記者は自分の仕事をしているだけ

スローンが保有している銘柄の多くは、経済新聞や金融週刊誌で、急落後に反発する可能性を秘めた企業について書かれた記事で見つけたものである。それは競争にさらされ値下げを余儀なくされたものの、人員削減で何とか市場シェアを維持している大手ソフトウエア企業だったかもしれないし、主力の新製品が政府の承認の遅れに直面しているが、間もなく承認が得られるだろうと今でも期待している企業の記事だったかもしれないが、どの記事も、企業は再び軌道に乗るから将来は明るいという希望を抱かせるものだった。

投資家はこうした記事が書かれる過程やその裏にある動機について十分に認識したうえで、それらをヒントに投資判断を下すべきである。新聞や雑誌の主な目標は、販売部数を増やすことである。それには読者が興味を持ってくれそうなさまざまな記事を掲載した質の高い出版物をタイミングよく制作する必要がある。

記者は執筆する記事を割り当てられるか、自分で企画した記事を編集者に承認してもらうかである。ほとんどの場合、こうした記事が書かれるのは読者の受けを狙うためであり、だからどんな記事でも販売部数を伸ばすことはできるのだ。冷静に考えてみると、売店で買える新聞や雑誌に何かを期待する人はいないが、出版物が読者にアピールするのは悪いことではない。さもなければ、この競争の激しい世界で長く生き残ることはできない。

では、皆さんが期待している記事を書けば販売部数をさらに伸ばすことができるというのだろうか？　倒産寸前の企業の記事を書くこともできるが、そんなことをすれば、その企業から訴えられる可能性があるし、その企業の株を保有している投資家たちの希望を打ち砕いてしまうことにもなる。一方、その企業がいかにきちんと行動し、投資家に気分を高揚させるようなメッセージを発信しているかという記事を書くのも簡単だ。彼らが言うように、希望はいくらでもわいてくるからだ。人間は最高の状態を願うのが好きである。希望を抱かせる記事を載せたほうが、マイナス面を強調した記事を載せるよりも新聞の売れ行きは良い。皆さんはそういう記事を読んでいるわけだ。数年前のことだが、ある大手証券会社が「われわれはアメリカに強気です」という広告を出した。このほうが「アメリカは問題を抱えています」というキャッチコピーよりも投資家の受けは良かったはずだ。われわれはみんな、事態が悪化するのではなく好転してほしいと願うからだ。

一般に、記者は自分の周囲から、また読者の質問やコメントから着想を得る。現在起きている出来事に読者が胸を躍らせていれば、それに関する記事を書きたがる。では、投資家はどのようなときに最も胸を躍らせるのだろう？　相場が天井のときと底のときである。相場が天井を付けると、なぜこれほど上昇したのかという記事をあらゆる出版物が取り上げる。なぜなら、そういう記事を投資家が読みたがるからだ。すでにその銘柄に大金を注ぎ込んでいるわけだから、そのまま保有していればもっと儲けられるという、メディアによるダメ押しが欲しいのだ。

逆に、相場が底に達すると、夢も希望も打ち砕かれてしまい、最後まで残っていた売り方も持ち株を手放して現金化する。そういうとき、読者は投資に見切りをつけるという選択が正しかったことを裏づける材料を欲しがるものである。下落相場の継続、あるいは企業がうまくいかない理由を正当化するような記事もある。

皆さんは一定の距離を置いて記事を読めるはずである。その記事の裏にある動機に気づき、疑ってかかる必要がある。記者が締め切りに間に合わせるためにちょっと手を加え、形を変えた企業広告ではないのか？　たいていは間違っている一般投資家の意向を反映しただけの記事ではないのか？　記事には事実だけでなく、相場が上下する理由も盛り込まれているのか？　優れた投資をするには、自分の見解を持つことが極めて重要だ。自分が読む記事には事実が盛り込まれていなければならない。また、自分の思っていることに影響を与えるような記事は読まないようにすることである。

利食いは遅く、損切りは早く

スローンの投資話から得られる最後の教訓は、「利食いは遅く、損切りは早く」という古くからの投資の格言である。スローンは割安になった株を買うことに夢中になり、再び価格が上昇したら売って目先の利益を狙おうと考えていた。そうして彼は株価が下がったら買ってナンピンしていったわけだが、そのたびに株価は下がり、「買い場」を何度も提供してくれた。株価が上がるとすぐに売って利益を確定したが、下落したらナンピンすればよいと思い、損切りはしていなかった。投資ではこれはいただけない。逆だろう。

投資家にとって最もやりたくないことが最善策になることも多い。例えば、損切りがそうだ。目先の利益を確定するのは楽しいし、簡単にできることだが、さらに大きな利益を積み上げながら勝ち続けることはできない。わたしの投資に対する姿勢は、良い投資商品を見つけたら、一生保有し続けるか、あるいはもう手放したほうがよいという時期が来るまで保有し続けるかのどちらかである。現実的なことを言えば、投資商品にはたいてい旬の時期があり、その後しばらくして動きがなくなり、人気に陰りが出てきたりする。**もし自分の保有銘柄が予想に反して逆行したら、ナンピンして含み損を膨らませないことである。**その銘柄を手放してほかの銘柄に乗り換えることを考えてみよう。逆に、勝ち組銘柄は絶対に手放さないことである。そういう銘柄にお目に掛かれることはめったにないのだから。

第11章

10年間の運用実績には要注意

投資家の人たちからはよくこういう質問を受ける。

「過去一〇年間の運用実績はどのぐらいですか?」

わたしが過去一〇年間の年平均リターンを数字で告げると、顧客はその数字をまるで確定利回りのように脳裏に焼きつけてしまう。運用期間が長ければ長いほど、その年平均リターンがまた達成されるものと思い込んでしまうのだ。

運用実績ばかりに気を取られて投資判断を下していると、フラストレーションがたまっているような状況へ自らを追い込んでしまうことになる。

ビル・ラムゼーは、余裕資金で金と長期の投資信託に投資することに決め、投資家が購入できる多くの投資信託の運用成績を分析している業者から、雑誌や報告書のコピーを送ってもらった。こうした業者は運用成績のランキング表を便宜上作っているため、ラムゼーも過去一年間、三年間、五年間、そして一〇年間で成績が良かった上位一〇本のファンドを調べることができた。

ラムゼーは一本のファンドがどのランキング表にも載っていることに気がついた。それは評判の良い大型ファンドで、ファンドマネジャーもファンドの設定時から変わっていなかった。一〇年間の運用実績は、年平均でプラス二九%。

ラムゼーはふと考えた。

「今はCD（譲渡性預金）で運用しているけど、確か年利は七％だ。俺はいったい何をしているんだ！」

ラムゼーはすぐさま資産運用会社に電話を掛け、運用を委託した。

地元紙にそのファンドの運用成績が載っていたので、ラムゼーは毎日チェックすることにした。値動きは激しかったが、おおむね上昇基調にあり、万事順調にいっているように見えた。月末には四％上昇し、年末までにプラス三〇％という目標を達成するには十分だった。こうした状態が数カ月続き、収益はおおむね増えつつあった。ところがある日、市場が下げ始めたのである。

「俺のファンドもたった一日で一％も値を下げているじゃないか！　失敗したかな」

ラムゼーはそう思ったが、ファンドマネジャーに電話を掛けてみると、失敗ではないことが分かった。市場は翌週も引き続き下げていた。ラムゼーはファンドの基準価額が日一日と下がっていくのを眺めていたが、再び一日で一％下がったときには本当に腹が立ってきた。当初の利益もほぼ吹き飛んでしまった。

それに、今の下降トレンドが長引くようならば、あっという間に元本を割り込んでしまうのではないかと不安になった。

ラムゼーはファンドマネジャーに電話を掛け、何が間違っていたのかと尋ねた。するとファンドマネジャーからは、相場はやや弱含みに見えるが、ファンドが買い付けている銘柄は前の上げ相場のときに急騰したため、それだけほかの銘柄よりも下げ幅がきついのだという返事が返ってきた。「ご心配なく。市場ではこういう値動きは日常よく起こることですから、長期間保有していれば問題ありません」。ファンドマネジャーはそう言って、ラムゼーを落ち着かせようとした。

いや、もうたくさんだ！　ファンドマネジャーは何やら隠し事をしているに違いない。このままで行くと、年平均プラス二九％なんて到底達成できないだろう……。ラムゼーはそう判断し、再びファンドマネジャーに電話を掛けて解約を申し出た。むしゃくしゃしてきたラムゼーは、これから何に投資をすればよいのか分からなくなった。

これもよくある話である。では、この話を振り返り、何を学ぶべきかを考えてみよう。

トータルリターンは利回りとは一致しない

もし一定の現金収入を期待しているのでなければ、けっして株式の運用担当者に「利回りはどの程度ですか？」などと聞いてはならない。自分は新米投資家だと言っているようなものである。運用利回りとは投資資産から得られる利息や配当を指し、トータルリターン（総収益率）とは運用利回りやキャピタルゲイン（値上がり益）を含め、投資資産から得られる収益のすべてを指す。多くの投資家は運用利回りよりもトータルリターンに注意を払ったほうがよいだろう。なぜなら、投資家が受け取るのはこのトータルリターンだからである。

例えば、債券ファンドを買って一年間保有しているある投資家の場合を考えてみよう。彼は年率八％の利息を毎月分割で受け取っている。投資した債券ファンドの基準価額は五％下落している。つまり、トータルリターンは約三％ということだ（八％マイナス五％＝三％）。投資家が受け取った利息をすべて消費に回してしまい、毎年のトータルリターンが利回りにも満たないようだと、投資資産は今後目減りしていくことになる。

過去一〇年間の年平均の運用実績を一二等分して月々のリターンの目標を割り出してみると、すぐに腹が立ってくるだろう。**長期の運用実績というのは、長い年月にわたる運用実績のこと。勝った月、負けた月、勝った年、負けた年を総合したものなのだ**。普通はこれを予想する。なぜ投資家は、一〇年間の運用実績で分析したうえで契約しているのに、損失が出ているからと言ってわずか三カ月で運用をやめてしまうのだろうか？　まったく理解に苦しむ話である。

投資とうまく折り合いをつけて生活する

過去一〇年間の運用実績を見てひとつの数字に固執するのではなく、「投資とうまく折り合いをつける」ことをお勧めしたい。言い換えると、投資をする前に月々のリターンに関するデータを集め、それらの結果を一枚の紙に一カ月のデータを書き出していく。そしてひと目で一カ月分を確認できるようにし、紙をめくると翌月の運用成績が出てくるようにする。それで数字が上下しているのを見たらどんな気分になるかを試してみよう。実際に自分のお金で投資していると想像してみよう。運用実績にそういう不振な月があったらどう感じるだろうか？　過去のポートフォリオの変動を見て不安を感じるようなら、投資をしないほうがよい。実際に投資をしたら、不安になること請け合いだ。

なぜ過去一〇年間の成績はそれほど素晴らしかったのか、その成績は今後も続くのか？

一〇年の間に実にさまざまな変化が起こるのが今の世の中である。成功には注目が集まり、成功しているファンドには資金が流れていく。しかし、ファンドマネジャーも人間だ。無限に膨らんでいく資金を管理・運用できるはずがない。そんなファンドマネジャーは健康を害し、退職したり転職したりするため、自分が投資しているファンドの現在のファンドマネジャーが過去の運用実績を築いた人間とは違っている場合がある。また、設定当時からファンドマネジャーが変わっていなくても、投資の哲学やその手法が変わってくる場合もある。わたしは上位一〇本に入る数十億ドル規模のファンドを見てきたが、過去に予想を上回る収益を上げたのは、いずれも運用資産がまだ二億五〇〇〇万ドルに満たなかったころである。念のために付け加えておくが、数十億ドルを運用するよりも、二億五〇〇〇万ドルを運用するほうがはるかに楽である。数十億ドルという規模になると、市場に参加するというよりも、市場を動かすことになってしまう。一〇年間の運用の実態を知らなければ、過去にたたき出した収益率を将来も実現できる能力を今でも持っているのか、それともその能力が大きく変わってしまっているのかも分からないものである。

投資を始めるかやめるかを戦略的に決める

この話では、ラムゼーは論理にかなった戦略的決定を下してファンドへの投資を始めた。彼は過去一〇年間の運用実績を調べ、投資を始めた時点ではファンドを一〇年間保有しようと思っていたのだろう。しかし、その後しばらくたっても期待どおりの成果が出なかったため、戦略的決定を下してファンドに投資するのをやめたのだ。**投資を始める前に、投資から手を引く戦略を立てておいたほうがよいだろう。**投資から手を引くときが来たら、感情に任せて行動するのではなく、戦略的なプランに従って行動することだ。

自分が耐えられると思っているものよりももう少し保守的なものを選ぶ

運用実績というのは単に過去の成果の総括にすぎない。契約書の免責条項にも「過去の成果は必ずしも将来の運用成績を保証するものではない」と書かれているではないか。しかし、過去の運用実績を見ない人はいない。パソコンで運用成績が最も高いのはどれかを検索するのは簡単だが、投資商品を掘り下げて過去一〇年間で何が変わったのかを調べるのはそう簡単なことではない。また、将来のことを調べ、予定している投資を自分の将来の展望に合わせてみるのも難しい。**投資商品が過去に一定の成果を上げたからと言って、将来も同じ成果を上げられるとは限らないのである。**

自分が検討している投資商品の過去の運用実績を見たときに一〇％のドローダウンの時期があった場合、もし一〇％の含み損を抱えても平気でいられるというならば、投資をしたほうがよいだろう。ドローダウンというのはポートフォリオの価値が一時的に下がる期間のことだが、その期間が過ぎればポートフォリオの価値は回復し、新高値を更新する。もしその一〇％をわずかに超えただけでも心配だというなら、将来またドローダウンを経験したらきっと神経質になるはずだ。投資には精神的に余裕を持って臨むようにしよう。そうすれば、とくに厳しい市場環境に直面しても安心して保有していることができる。ただ、これは精密な科学とは違う。**安心して投資することができなくなった場合を想定しておこう。運用実績や運用スタイルに何か心配な点があるかどうかを調べてみよう。**もし心配な点が見つかったら、きっとそれが原因で、将来その投資商品への投資をやめることになるはずだ。そうすれば、これ以上投資で失敗してイライラすることもなくなるだろう。

第12章

分散しすぎるのもダメ

投資家はいつも最高のものを求めているものだ。この最高の投資商品とは、ほかの並みの投資商品よりも何か優れたものを持っているということだ。だから、多くの投資家が雑誌で上位一〇社のランキングを見たり、コンサルタントに運用実績の分析を依頼したりするのである。投資家たちは、「最高の投資をするしかないよ」とか「最高の投資をするのは当たり前だろう」などと言うが、完璧な投資を追求していたサンディ・ムーアの場合はどうだろう。

ムーアは退職を間近に控えたエンジニアで、これまでもずっと数字を相手にしてきたので、数字にはめっぽう強かった。だから当然、どこに投資するかを考えたときにもまず数字を調べた。ムーアは会社から年金が一括支給されたら自分で管理しようと、投資計画を立てた。時間は十分にあったため、年金を受け取る半年も前から投資の勉強を始めていた。

熟練のエンジニアらしく、最高の投資をしようと図書館に行っては運用会社のニュースレターや報告書などを読み始めた。証券マンやファイナンシャルプランナーにも退職後の年金運用について相談した。

ムーアはいろいろな投資商品について調べ始めたが、すぐに数々の数字を分析するプランが必要だと気がついた。そこで自宅のパソコンを使って運用実績を分析し、運用資産のドローダウンのシミュレーションを行い、各種のリスク尺度を記録するプログラムを作成した。そうして数字を入力し始めてから数カ月がたったころ、コンピューター・インベスティング社という地元の資産運用会社がリストの最上位に来ているのが分かった。ムーアは同社を訪ねた。すると、コンピューター化された業務と精力的に働く親しみやすいスタッフに感銘を受けた。

運用会社は難なく決まった。そして年金を受け取ったムーアは、コンピューター・インベスティング社が運用する成長株プログラムに投資することを決め、そつなくその計画を実行に移した。

時間ができたムーアは自分が選んだ投資商品をチェックしていたが、ほかの運用会社の成績を追跡するプログラムも新たに作ろうと考え、月々のデータをパソコンに入力した。

成績の良い月もあったが、そうでない月もあった。すると市場が下げていたある月に、ムーアは自分が選んだ投資商品の成績が市場平均を大きく下回っているのに気がついた。ムーアは運用担当者に会って事情を説明してもらうことにした。運用会社では担当者が誠意ある説明をしてくれた。ムーアは優れた投資をするのがいかに難しいかを思い知らされ、運用会社も混沌とした市場環境でベストを尽くしてくれているのだと感じながら会社を後にした。

しかし、ムーアはふと考えた。

「卵を全部一つのバスケットに入れているじゃないか。もっと入念にそのバスケットをチェックしなくちゃ」

ムーアはポートフォリオを毎日チェックすることにした。データベースを使えば日々の価格を知ることもできるので、そういうサービスを提供している会社に登録し、自動的にポートフォリオを追跡してくれるソフトウエアをパソコンにインストールした。

その後、市場は半年にわたって横ばいで推移し、ポートフォリオの価値は約一一％目減りした。このような下げ相場は珍しくも何ともなかった――緩やかで、整然と動いていた。だが、ムーアはすごく心配になってきた。退職後の全資金を注ぎ込んでいたからだ。もし全財産を失ったら、また働かなければならない。そこでムーアは、資金を引き出してポートフォリオを分散することにした。そしてほかの投資商品を探し始め、株式や債券、マネージドフューチャーズ（**訳注**　先物投資一任勘定運用のこと。先物運用業者に運用を委託し、先物市場を投資対象にして資産運用を行う投資形態）、投資信託、パートナーシップ、年金保険など、手当たり次第にいろいろな投資商品に資金を注ぎ込んだ。毎月、自宅の郵便受けには運用報告書が山のように届くようになった。

二〜三カ月たつと、ムーアはこれまできちんと整理できていたファイルを維持・管理するのが難しくなってきたことに気がついた。とにかく書類が多すぎたのだ。エンジニアだったころには書類を整理していたが、退職した今では書類の整理は楽しくも何ともなかった。やがてどの投資商品にも無頓着になってきた。あるひとつの投資商品はポートフォリオ全体のごく一部を占めているにすぎず、成功にはほとんど寄与していなかったからだ。ムーアはもうどうでもよくなってきた。これまでのように頻繁に投資商品をチェックしたくもなくなり、わざわざ結果を更新することもなくなった。妻に投資資産はどうなっているのかと聞かれても、はっきり答えることもできなかった。

納税の時期が近づいてきた。ムーアは書類を全部まとめて会計士に渡そうとしたが、正式な書類を全部そろえることができなかった。イライラしてきたムーアは、証券会社の営業マンに電話で尋ねたり、投資したときの確認書類を探して調べたりする羽目になった。会計士はすぐに駆けつけると言ってくれたが、ムーアは先延ばしにした。不満が爆発しそうになったムーアは、いずれはシンプルな生活に戻し、投資資金もＣＤ（譲渡性預金）のような分かりやすいものに移そうと決心した。

わたしは、いくつかの点からムーアの行動を分析してみようと思う。ムーアは多くの仕事をきちんとこなしてきた。投資をする前にも十分に下調べをした。最初のうちはそれなりの管理計画も立てていた。心配事があれば運用担当者に伝えていたし、運用担当者の立場も理解していたが、結局は運用会社に不満を抱き、契約を解除してしまった。**ムーアは自分が快適でいられるレベルでポートフォリオを組み立てるのを忘れていたのだ。**

ポートフォリオを分散する

投資の世界では「分散投資」という言葉が嫌というほど使われる。分散投資だけが成功の秘けつだというわけではないが、安心して投資をするには間違いなく役に立つ。ムーアは慎重に選び抜いた一つのバスケットに卵を全部入れてしまった。たった一つの投資商品に一喜一憂しているようでは、生活が安定するはずはない。いくら優れた運用会社を選んでも、相場は大きく動くものである。

もし一つの株にポートフォリオの一〇％だけを充てていたら、ムーアの運用会社に対する態度はどう違っていただろう。想像してみよう。月々の株価の変動も楽に乗り越えられたはずなので、この運用会社を使い続け、次に相場が上昇したときには利益を享受し、徹底的にリサーチした結果が正しかったことも証明できていたはずだ。**投資商品を分散してリスクにさらされる度合いを変えると、自分自身に降りかかる心理的プレッシャーの度合いも違ってくる。**リスクにさらされる度合いが少なければ、投資に対してもそれだけ「何とかやっていけるさ」という気持ちを強く持つことができるわけだ。ポートフォリオを十分に分散していれば、たった一つの投資商品がポートフォリオ全体に大きな影響を及ぼしたりはしないものである。

最初のうちはムーアもまったく投資商品を分散していなかったので、極めて不安定な状態だった。こういう状態に陥った投資家が神経質になり、感情に任せて投資判断を下してしまうというケースは多い。だが、ムーアもごく普通の人間で、プレッシャーに対処しようとこれまで以上に投資商品を分散した。

わたしはアメリカの西海岸で不動産仲介業を営むようになった人を知っている。彼は一九七〇年代にその不動産仲介業で大儲けし、大成功を収めた。不動産価格が高騰しているのを目にした彼は、自分でも実際に不動産を買って、投資をしてみようと決心した。飛び切りの物件がひとつあった。そこで自分の余裕資金を全部不動産に注ぎ込んだ。一時は自分が住んでいる家のほかに八軒もの住宅を所有していた彼も、やはり卵を全部一つのバスケットに入れてしまった。やがて税制が改正され、景気後退に陥り、そのバスケットにほころびが見え始めた。不動産の仲介手数料は激減し、不動産の価値も下落してきた。厳しい状態に陥った彼は、多少の損失を覚悟で投資した物件を売却したが、課税額を現金で用意することはできなかった。結局、彼は納税期限の延長を求めて政府と交渉する羽目になった。不動産ではなく別の投資商品に分散していたほうが、あるいは緊急の場合に備えて資産を少しは現金で持っていたほうが得策だったのではないだろうか。

分散のしすぎはダメ

卵を全部ひとつのバスケットに入れるのが危険だというなら、多くの投資商品をそれぞれ少しずつ買うというのはどうだろう？　分散投資というのは、あまりにも多くの投資商品を少しずつ買う場合の言い訳になることが多い。ひとつの投資が大失敗しても大丈夫だという投資家もいるが、これは投資家の選択眼がいい加減になっており、ポートフォリオに十分に注意を払っていないことの言い訳になる場合がある。「どうでもいいよ、自分には関係ない」という態度につながる場合があるのだ。投資商品をきちんとチェックしていなければ、ポートフォリオ全体がパッとしない中途半端な投資商品の寄せ集めになってしまう。

ムーアも結局は投資商品を分散しすぎたのである。あれこれと手を出すことで卵を全部一つのバケットに入れてしまうという問題は解決できたが、事務処理に追われるという新たな問題を生み出してしまった。ポートフォリオ全体からすればどの投資商品もごく少額だったので、どれかひとつがどうなろうと、いちいち気にとめなくなってしまったのだ。

過度な分散投資はポートフォリオの管理コストの増大につながる場合もある。証券マンやファイナンシャルプランナーは分散投資を提案したり、複数の投資商品でポートフォリオを組み立てるようにとアドバイスしたりするが、ひとつの投資商品を大量に購入すると売買手数料が割引になる場合があることも知っておくべきだろう。問題は、十分な分散投資をしてポートフォリオを組み立てると、投資する金額がどれも少額になり、割り引きも適用されなくなるという点だ。これだと多額の売買手数料を証券会社に支払うことになる。ファイナンシャルアドバイザーが分散投資を勧めるのは、投資家に余計な分散コストを払わせて儲けようとしているのだ、などと言うつもりはないが、十分に分散されていない場合のリスクと同じように、分散しすぎてもコストがかかることを知っておくべきだということだ。

バランスの取れた分散をする

投資家はそれぞれ違うだろうが、どの投資家にも、分散しすぎることなく快適でいられるレベルで分散する意味はある。できるだけ簡単にチェックができ、いくら重要な投資商品だからと言って、ポートフォリオ全体に占める割合が大きくなりすぎないようにすることである。多くの投資家の場合、相関性の低い三つか四つの投資商品に分散したポートフォリオなら分散しすぎることもなく、不安のない程度にリスクを抑えることができるはずだ。バランスの取れたポートフォリオなら、投資家もバランスの取れた心理状態を保つのがかなり楽になる。すでに述べたとおり、**バランスの取れた心理状態が保たれていれば、さらに別の投資先を検討したり、論理的な投資判断を下したりすること**

ができるのだ。

プロのトレーダーたちの間には、ポジションは夜ぐっすり眠れる程度にするべきだという言い習わしがある。素晴らしいアドバイスだ。投資のことばかり心配して過ごすよりも、もっと良い生き方があるはずだ。大金を注ぎ込んでポートフォリオ全体を膨らませないようにするのと同時に、それぞれの投資商品が自分にとって重要なものになるように分散することである。この戦略で皆さんが安心していられるようになればよいのだが……。

第13章

儲けはどのように生まれるのか？

わたしは株式や先物が絡んだ数々の仲裁事件で鑑定人と仲裁人の両方を経験している。こうした仲裁事件のほとんどが、証券マンやファイナンシャルプランナー、または投資アドバイザーの不適切なアドバイスやお粗末なアドバイスのせいで損失を被ったという顧客が、その損失の補てんを求めて申し立てたものである。事実上わたしがかかわったどの仲裁事件もそうだが、証券会社はセールストークのつもりで情報を伝えていても、顧客はそれをアドバイスだと受け取り、あとになってから——もう遅すぎるのだが——、アドバイスをくれたのではなく、投資商品を売りつけられたのだと気づくのだ。それでは、アービング・コーエン医師がやっと手にした年金をどうやって投資に回したか、その話を読んでみよう。

コーエン医師はアメリカ中西部のある大都市で顔面・頸部専門の外科医として成功を手に入れた。コーエンは仕事が大好きで、この領域では名医だと言われていた。まさに仕事の鬼で、年収は一〇〇万ドルほどあったので、お金の出入りには無頓着だった。

一方、幅広く医学の教育を受けている医師でも、投資教育はまったく受けていなかった。コーエン医師は、急速に増え続ける年金資金をどう運用しようかという、人もうらやむような問題を抱えていた。医学部を出た直後にマネージドフューチャーズ（**訳注**　先物投資一任勘定運用のこと。先物運用業者に運用を委託し、先物市場を投資対象にして資産運用を行う投資形態）で苦い経験をしているため、これは選択肢から外した。そして優良な投資信託をいくつも買い、それを退職するまで保有していようと決めた。

そんなコーエンのもとに、ウォール街でも一流の証券会社に籍を置く証券マンから電話が掛かってきた。コーエンとは違う都市に住んでいるものの、会いたいと言う。コーエンの年金の運用に合ったプランを紹介したかったようだ。その証券マンは、何種類もの投資信託を買ってそのまま保有するのは多額の資金の運用にはあまり向いていないと言った。コーエンは証券マンの言うこともっともだと考え、その証券マンと翌週会ってみることにした。

証券マンは支店長を連れてやって来た。いかにコーエンを顧客として取り込もうと必死になっていたかという証拠である。二人は、株式市場では自分たちが大手の機関投資家であるだけでなく、投資銀行としても活動しており、なかには年金の運用に向いた商品もあるとアピールし、とくに良さそうな投資商品が見つかったら連絡するとも言う。コーエンは感激した。八〇〇キロ以上も離れたところまで大変な思いをして会いに来てくれたのだ。支店長までわざわざ時間を作って一緒に来てくれたのだ。そこでコーエンは、「自分の年金資金はもう個人投資家の域を超えているのか。だったらこの会社に運用を任せてみるか」と考えた。

こうして、おもむろに取引が始まった。コーエンは投資信託をいくつか売って、証券会社に勧められた株式でポートフォリオを組み立てた。最初の月には二つの銘柄を大量に買い付け、それを売却して利益を得た。コーエンはこう考えた。

「だから機関投資家は並みの投資家よりも儲けられるんだな。大量に売買すれば一カ月もしないうちに利益が出るんだから」

コーエンはほかの投資信託も全部解約してその証券会社に資金を移すと、さらに多くの株式を売買し始めた。コーエンのポートフォリオの売買回転率も、月に一度買い付けていたときと比べるとやや高くなり、口座残高と売買する金額が毎月ほぼ同額になってきた。

一銘柄のポジションがポートフォリオ全体の二五％と、かなり高くなるものもあったが、こうした状態はほんの数週間しか続かなかったため、大量に買い付けてもコーエンは気にしなかった。仕事では常に細心の注意を必要とするため、運用口座の管理は証券会社に任せきりで、証券会社に新たな銘柄を勧められれば、ただそれに従って購入した。

収益がプラスになった月もあればマイナスになった月もあったが、それから約一年が過ぎたころ、証券会社はピザ・パイズ社という地方のピザ会社の株を大量に購入した。この証券会社は投資銀行としてこのピザ会社の主幹事を務め、ピザ会社の社長も顧客のひとりだった。ピザ会社は順調に事業を拡張しており、さらに多額の資本を必要としていた。証券会社は資本調達に動き、大量の株式を購入してコーエンのポートフォリオに組み入れたのだ。

すると突然、ピザ会社の財務状態が悪化しているというニュースが飛び込んできた。倒産という二文字も浮かんできた。証券会社もさまざまな理由から倒産の方向に向かっていた。証券マンからも電話があり、評判の良い別の大手証券会社にポートフォリオを移すようにと言う。コーエンは言われたとおりにポートフォリオを移した。やがて納税の時期がやって来た。公認会計士によると、コーエンが大量に購入した株式は大きな含み損を抱えていた。コーエンはそれを見てぎょっとした。そして家族の弁護士とも相談して証券専門の弁護士を雇い、証券マンとその上司、そしてその証券会社を相手取った仲裁を申し立てたのである。

やがてコーエンは、実際に何が行われていたのか、その真実を知ることになった。コーエンはその証券会社の別の証券マンがかかわっている取引の相手方にさせられていたのである。つまり、投資銀行の顧客が証券会社の別の証券マンを介して株を売り、その株をコーエンの資金で購入していたということだ。証券マンはマーケットメーカーとして多くの取引を正味価格で行っていた。そうすれば証券会社には手数料が掛からないため、その分を株価に上乗せしてコーエンに買わせ、自分たちはその売買手数料でたんまり儲けていたのである。最初に証券マンに連れられてやって来た支店長もその証券マンとグルになって、コーエンに買わせたときの手数料の半分を受け取っていた。それだけではない。

その証券マンには当初からずっとコカインの常用癖があり、会社もそれを知っていたことが判明したのである。

ここまで来ると、さすがにコーエン医師も目を覚まし、自分が完全にもてあそばれていたことに気がついた。鑑定人も、コーエンの資金が証券マンの手数料を稼ぐために過剰売買されていたことを突き止めた。コーエンは少しは損失を回収することができたものの、解決に至るまでには弁護士に多額の報酬を支払ったほか、貴重な時間をずいぶんと費やす羽目になった。

では、コーエン医師はどうすれば違う結末を迎えられていたのかについて考えてみよう。

報酬はどのように発生するのか？

投資家は、個々の取引で儲けがどのように生まれるのかを常に把握しておくべきである。これでだれが何を売って手数料を稼ごうとしているのかを見抜けるわけではないが、少なくとも利害が衝突する可能性がどこにあるかを理解する助けにはなるし、皆さんもアドバイザーの真意を疑ってかかるようにはなるだろう。

例えば、皆さんは登録投資アドバイザーを雇っているとしよう。そのアドバイザーには株式の運用だけを委託し、運用資産の規模に応じて報酬を支払うことになっている。債券について相談すると、そのアドバイザーは実に否定的なことばかりを言う。アドバイザーの報酬が株式の運用で発生することを理解していれば、この債券についての否定的な見解に警戒することもできるだろう。

もし証券マンが不動産パートナーシップ取引を勧めてきた場合には、その証券マン自身に七％の先取り手数料が、証券会社には手数料として三％が、さらには法務や会計、査定などの手数料として五％が渡ることになる。そうなると次のような疑問がわいてくるだろう。

一．ほかにもっと安い投資商品はないのか？

二．これは自分に合った投資なのか、それとも会社が強く推しているから証券マンが売りつけようとしているのか？

三．この取引または株式を売ったら、証券マンの儲けは総額でいくらになるのか？
四．もし自分が上得意客なら、特定の投資商品の手数料を交渉して値切ることはできるのか？

思い出してみよう。どの業界にも善人もいれば悪人もいる。悪人は常に新聞ネタになっているので、そんな悪人の話ばかりが耳に入ってくるように思いがちだが、勤勉で信頼できる証券マンやアドバイザーもたくさんいる。自分の手数料が減っても顧客のために一生懸命働く証券マンや、ほかの取引で埋め合わせをすればよいと思い、無料で顧客にサービスを提供する証券マンもいる。わたしは直接そういう人間をたくさん見てきた。何も皆さんが使っている証券マンのアドバイスを**信頼するなと言っているわけではない**。ただ、常に警戒を緩めないことである。評判の良い証券マンやアドバイザーは、自分の顧客に聡明な投資家になってもらいたい、厳しい質問をぶつけてほしいと思っているはずだ。最後になるが、優れたアドバイザーとは、自分の顧客と共に成功し、成長していくものなのである。

第14章

情報におぼれないようにする

本書では、投資に関する情報をどう処理するかについての認識を高めてもらうために多くのページを割いてきた。だから、皆さんはもう投資をしているときにイライラしたり、イライラを最小限に抑えたりする方法をいくつも知っているはずだ。ここまで来ると、わたしとしては、皆さんが自分の心理状態をコントロールし、投資についてもっと多くを学び、自分の成績を上げるために努力し、イライラしないようにと心に決めてくれていることを願うばかりである。わたしの話が刺激になって、少しでも自分を変えようと思っていただければ幸いだ。

多くの投資家は、投資判断を下すことは自己鍛錬の賜物であるというような考えを持っている。そのため、熱心にありとあらゆる経済新聞や金融雑誌を読み、ニュースレターに登録し、経済ニュースの番組に耳を傾けながら一日をスタートさせ、その日の経済ニュースを振り返りながら一日を終える。また、セミナーに参加したり、アドバイザーに相談したり、自分なりの指標を作ったり、あるいは投資に関する情報をスポンジのように吸収したりする。ここで紹介するのは、そんな投資家の話である。

ニール・ジョンソンは会計士として四〇年間働いてきた。数字と共に人生を過ごしてきたので、数学にもコンピューターにもたけていた。退職年齢が近づいてくるにつれ、ジョンソンは自分のことは自分で管理できるようになろうと準備を始めた。退職すれば時間ができるからだ。彼は退職金の運用に関する本を読み始め、ニュースレターの購読を申し込み、セミナーにも参加した。やがて退職日の当日、ジョンソンは退職金積立制度から一時払いで資金を受け取り、その資金をロールオーバーIRA（**訳注**　アメリカの個人退職勘定）に移して、将来積立金を引き出すときまで積立金に対する課税を繰り延べにする制度を利用することにした（**訳注**　退職時や転職時などに適格企業年金から受け取る一時払い給付金を、六〇日以内にIRAに移管〔ロールオーバー〕すると源泉課税が免除され、移管資産の課税繰り延べ特典が継続されるアメリカの制度）。

ジョンソンは、これで自分の年金資金の日常の管理を自分でやる準備は整ったと考えた。専門用語もすべて覚えたので、株価の動向を示してくれる指標をいくつも記録し始めた。カバードオプション取引も始めた。これはポートフォリオ全体のボラティリティを小さくするように設計されたものである。ジョンソンは自分の知識が増えていくのを楽しみ、さらに多くの指標を記録し、セミナーへの参加や読書を続けた。そして一年後、並みの成績に終わった投資成績にはがっかりさせられたが、もっと優れた投資家になろうという気持ちは変わらなかった。

やがて株式市場が暴落し、ジョンソンも妻もショックを受けた。今までは妻も黙って夫のやり方に任せていたが、さすがにこれにはびっくりし、もう少しリスクの低い投資はできないのかと夫に尋ねた。ジョンソンはもう少しリスクを分散することにした。毎日チェックする指標も少し増やした。そしてさらに投資について調べ始め、別の投資先についての情報も大量に集めた。ところが、ジョンソンはもう投資判断をほとんど下せなくなっており、下すとしても無理やりやっているという状態だった。集めた情報が多すぎて明確な結論が出せなくなっていたからだ。ある指標を見ると株を買ったほうがよさそうだし、別の指標を見ると売ったほうがよさそうだった。また、ある証券マンは投資信託を勧めるが、別の証券マンはやめておいたほうがよいと言う。あるアドバイザーは投資信託のタイミングプログラムが良いと言うが、登録しているニュースレターではバイ・アンド・ホールド式のやり方を推奨している。「どうすりゃいいいんだ？」。　ジョンソンは投資の勉強にとてつもない時間を費やしており、投資の専門用語、理論、そして商品に精通するまでになっていた。わたしに言わせれば、彼は「分析まひ」という状態に陥っていたのである。

ジョンソンは不満を抱きながら退職後の二〜三年を無駄に過ごしてしまったので、人生をもう少し楽しもうと思うようになった。そして何人かの投資アドバイザーを選び、ポートフォリオ全体が適度に安定するようにと、アドバイザーごとにポートフォリオを分散した。日々の値動きで頭がおかしくならないように、ポートフォリオの運用成績はときどきチェックするだけにとどめた。投資アドバイザーとは三カ月に一度、昼食を共にしながら戦略を見直し、基本の戦略はそのまま続けるようにした。毎日チェックすることから解放されてできた空き時間は地元のボランティア活動に参加し、地方政治にも積極的にかかわるようになった。また、妻と一緒に遠出をして子供や孫の家を訪ねる回数も増やした。

このニール・ジョンソンの話から何を学び取ることができるだろう？　ジョ

ンソンは最終的にうまくいくやり方に落ち着いたが、そこに至るまでにはイライラしながら何年もの月日を過ごした。投資についての知識を蓄えたのだから、ジョンソンは一般投資家よりもかなり優位に立てたはずだと考える人もいるだろう。だが、残念ながら、彼は知識を蓄えすぎたために、かえって問題を抱えてしまったようだ。

投資について分析すると、ある指標は買いを示しているが、別の指標は売りを示している。あるアドバイザーは強気だと言うが、別のアドバイザーは弱気だと言う。ニュースレターもそれぞれ、自分が夢にも思わなかったほど裕福になれる方法を提案している。投資家は何とかしたいと思っても、あまりにも選択肢が多すぎて、何を信じればよいのか、まただれの言うことを信じればよいのか分からなくなってしまうのである。リスクについても知っており、あれこれと悩むため、どんな投資をしても心配する。必要な情報をすべて持っていないとストレスを感じるのである。自分に合ったニュースレターや書物だけに目を通していれば、きっと投資家として成功を収めることができるはずだ。

頼むから事実を教えてくれ

投資家はさまざまな方面から意見を求めようとするが、そういうときには多数の意見を求めている場合が多い。要するに、多くの人の意見がたったひとつの答えを示している場合には、それが進むべき方向になる。しかし、相場はそのように動いてくれるものではない。だれかが買い、だれかが売っていれば、必ずその双方が自分は正しい投資判断を下したものと信じているわけだ。ただ、多数の意見というのは往々にして間違っており、相場が逆行する前触れになることが多い。

投資家は自分の意見を持つべきだ。他人の意見や他人から聞いた話は別のものとして考えなければならない。もしアドバイザーが「相場は上向くだろう」と言っても、それはそのアドバイザーの意見である。相場が最高値を付けたのならば、それは事実である。わたしはよくメディアからインタビューを受けるが、最後の質問は必ずと言ってよいほど、「これから相場はどう動くと思いますか?」というものだ。投資家は相場がこれからどう動くかというわたしの考えなど気にかけているだろうか？　毎日、賢明な投資家はその日その日に応じて相場との向き合い方を変えなければならない。もし相場が逆行すれば、リスクを回避し、イライラに対処しなければならないし、もし相場が順行すれば、今度は楽観しすぎないように、また利食いを急ぎすぎないように気をつけなければならない。相場が何とかしてくれるだろうと願ったり希望を抱いたりしても、何も起きないのである。

他人の意見を聞きたければ、そしてその意見を聞いているときには、自分が耳にしたものを、事実ではなく他人の意見として頭の隅に置いておくことだ。もしわたしやほかのだれかが、相場は上向くだろう、または下向くだろうと言っているのを聞いたら、「あれはあの人の意見だ、自分の考えじゃない」と繰り返し自分に言い聞かせることだ。そうすれば自分の投資判断に責任を持つことができ、自分の考えを裏づける事実を集めるときの助けにもなる。

投資判断は十分な情報を集めてから

自分の意見を持とうとすると、事実や情報を集める必要が出てくる。どんなにがんばったところで、投資に関するありとあらゆる情報を収集することは不可能だ。ただ、これは投資判断を下さないことの言い訳になる場合がある。

「よく分からないから、証券マンがどう考えているか聞いてみよう」

しかし、その証券マンの考えが自分の考えと違っていたりすると、兄弟や会計士に聞きに行く。

「そんなやり方だと、結局は税金が増えるんじゃないの？」

結局、自分はそのやり方を続けることになるが、投資に関するすべての情報を集めることなんて絶対にできない。

他人に投資についての意見を聞きたいのならば、もしその人が意見を変えたとしたらその理由は何なのかを聞くべきだろう。言い方を変えると、金市場の専門家が金の相場は上昇すると言った場合、もしその相場見通しが変わったら、なぜ変わったのかを聞いてみることだ。よくあることだが、人は投資を始めるときには他人の意見を聞くが、投資をやめるときのきっかけについては何の考えも持っていないのである。

また、他人に意見を求めるときには、自分の考えを正当化してくれるような考えを求めているということにも気づくべきだろう。「専門家」に意見を求める投資家のほとんどが、専門家が自分の考えに賛同してくれることを願っている。実際には、ほかの投資先についての率直な意見を聞くときには自分の考えと反対の考えに耳を傾けたほうが有益だ。ただ、違った結論に至った場合、一般の投資家が自分の分析結果に従う勇気を持つのはそう簡単なことではない。しかし、一般大衆の意見に従ってしまうことが、普通は最も問題ある行動になる。大半の投資家が同じ考えを持つようになるころには、すでに相場は動いており、便乗するには遅すぎるのだ。

十分な情報を入手して自分の意見を持てるようになるのははるか先の話だということもない。それなりに十分な時間をかけて、そして適度な費用で自分なりにできることをやることだ。そのなかで最善の決断を下せばよい。完璧な知識など得られないこと、またそんなものは絶対にないことも知っておくべきである。そんな知識にとらわれたり心配したりしていたのでは何もできない。まずは自分の意見を持つようにし、それから決断を下すことを考えればよい。

第15章

決断を下したら、次は実行だ！

ファイナンシャルアドバイザーが顧客にアドバイスをするときには、必ずその顧客に合った投資商品がたくさんあることを教えたいという気持ちと、顧客の選択肢を一つか二つに絞り込んであげたいという気持ちとの間で揺れ動く。一番簡単なのは、顧客に代わって最終的に投資商品を選び出すことである。自分の好きな投資商品を選んで運用すればよいからだ。しかも、顧客自身が真剣に考えたり責任を持って投資判断を下したりしなくて済む。

しかし、人生でもよくあることだが、簡単な方法が最善の結果を出してくれるとは限らない。投資家はいろんな投資商品について知ったうえで、最終的な選択が自分にとって最良の投資商品であることを確認する責任を持つことが重要だ。問題は、アドバイザーが考えられるあらゆる投資商品を提示すると、投資家にとっては選択肢が多すぎて思考停止状態に陥ることがよくあるということだ。では、退職を間近に控えたある夫婦の例を見てみよう。

ウィッティントン夫妻は裕福な生活をしてきた。夫は「フォーチュン500」に選ばれているアメリカの一流企業の最高幹部で、妻も退職する前は専門職に就いていた。二人の子供を育て上げた今は、夫妻でテニスとゴルフに夢中になっていた。退職金のほとんどは夫の企業年金制度で積み立てていたが、妻も自分で少額を貯金していた。

やがて夫妻の娘が大手証券会社の債券部門に就職した。債券が専門だったが、両親が大きなトラブルに巻き込まれないようにするだけの知識はあった。二人の個人的な投資は順調で、企業年金のほうもわずかに増加していた。退職年齢に近づくにつれ、二人はだれから見ても何不自由ない暮らしをしていた。

やがて、大した前触れもなく、ウィッティントン氏の会社が経営合理化に踏み切り、残念ながらウィッティントン氏の仕事も合理化の対象となった。退職まではあと三年あったが、財務状態が厳しくなってきた会社はグローバルな競争に勝ち抜くために難しい決定を下す必要に迫られていた。それでもウィッティントン夫妻と会社との関係が悪化することはなかった。二人に残されたのはそこそこの退職金と年金給付、そして娘のアドバイスで買った数銘柄の優良株と投資信託に投資してきた個人的な蓄えだった。

予定では、ウィッティントン氏が仕事を見つけて三～五年間働いたあとで二人とも退職し、投資で生計を立てながら旅行をしたり、ゴルフやテニスをしたりして暮らそうと思っていた。ウィッティントン氏は熱心に職探しをしたものの、企業の上層部にいた人間が職を得るのは大変だった。そこで二人は投資収益で生活していくことにしたが、その収益も二人の生活費を賄えるほどではなかった。妻は蓄えが減っていくのに耐えかねて、元の専門職で契約社員として再び働くことにした。だが、二人は生活していくことはできたが、将来に向けた経済力をつけるには至らなかった。当面は先行きの不安が二人の生活に重くのし掛かっていた。

一方で、二人とも個人的な投資のことがだんだんと気になってきた。ポートフォリオは何年も前から一つにまとめてあったが、投資商品のほとんどが成長株で、ウィッティントン氏の収入がかなりあったときに購入したものである。成長株は値上がりしていたものの、二人の退職後の生活を賄えるほどではなかった。株式市場は相変わらず新高値を更新していたが、深刻な景気後退に見舞われたらポートフォリオの価値が大幅に下がるし、同時に収入も途絶えてしまう可能性があると、ウィッティントン氏は心配していた。

夫妻は娘だけでなく数人のファイナンシャルアドバイザーにも相談したが、

全員に同じことを指摘された。二人とも買ったままで運用をしていないではないか、ただ買って保有しているだけではないか、夫のほうの年金の運用先の決定だけでなく、投資信託や株式を買う判断も他人任せではないかと。毎月多額の給与をもらっていながら、ウィッティントン夫妻は自分たちで責任を負うことなく、すべて他人任せにしていた。しかし、今では自分たちの投資判断が、あと数年働かなければならなくなるか、それとも退職して悠々自適の生活を送ることができるようになるかどうかの分かれ目になるという意味を持つようになってしまったのだ。すると二人は強いプレッシャーを感じるようになり、優柔不断になってきた。そして問題をすべて解決してくれる魔法の答えを探し始めたのである。

とうとうウィッティントン氏は保険業界に職を探し当てた。若いころに保険外交員をやっていたので、ここまで来たら自営で保険代理店を開くしか生活していく道はないだろうと考えたのだ。妻も契約社員として仕事を続けることにしたため、老後の計画はすべてお預けとなった。ポートフォリオは相変わらずで、二人はその後も相場のことを気に掛けていた。

それでは、二人は心のなかのどのような意思決定プロセスを経て、このような状態に至ったのかを見てみよう。二人の投資にはいずれも、当時は買いを推奨する情報やそれをもっともだと思わせる理由があった。強い推奨があったため、買うという判断を下すのは大変簡単だった。しかし、今ではポートフォリオに依存して生活していかなければならないというプレッシャーから、投資判断を下すのが難しくなっていたのである。

プレッシャーのない状態で投資判断を下す

ウィッティントン夫妻の状態を見ていると、全米オープンの最終日に、あと五フィート（約一・五メートル）のパットを決めれば一打差で優勝を手にできるゴルファーを思い出す。優勝まであと一歩。この日のために今までずっと練習を重ねてきたんじゃないか……。全米オープンほど重要ではないトーナメントに出場し、優勝したこともある。人から見れば大成功を収めていたが、全米オープンを制すれば名声はさらに高まり、プロゴルファーとしての将来は保証されたようなものだ。そうと分かるや、ゴルファーは緊張し、いつもどおりのパットができなくなってしまう。

こうした状況への対処の仕方は三つある。最悪なのは、もしパットを外したらどうしよう、プレーオフに突入したらどうしよう、負けたらどうしようなどと、否定的に考えることだろう。肝心なときに冷静さを失い、彼は大舞台に弱いと酷評されるだろう。長い間くよくよとマイナス思考に陥っていると、緊張してしまい、本当に勝てなくなる。

もうひとつの対処の仕方は、もしパットを沈めて全米オープンに優勝し、ありとあらゆる賞金や名声が自分のものになったらどうなるだろう、というプラス思考で頭のなかを埋め尽くすことである。ギャラリーの声援やゴルフ界のニューヒーローとしてテレビのインタビューを受けている自分の映像を思い浮かべてみる。そうすると冷静ではいられなくなる。簡単な五フィートのパットでも外してしまいかねない。それどころか、最初のパットのときよりも遠くから打たなければならなくなり、優勝どころの話ではなくなってくる。

この二つの対処の仕方は、いずれもゴルファーの感情を高ぶらせるものである。緊張してアドレナリンが大量に分泌する。ゴルファーはひとつのシナリオに考えを集中させてしまい、ほかのシナリオを排除するようになる。そして三つ目の対処の仕方だが、これがおそらく最も健全なやり方だろう。それは、いつもとまったく同じようにパットを打つことである。ゴルファーも、もしパットを外してもカップの近くに寄せれば、首位タイに並ぶ可能性のあることに気づくだろう。いつものやり方で周囲の状況をチェックし、ラインを読み、ボールをスムーズに打てばよいのである。そうすれば最大限にバランスの取れた心理状態になる。ゴルファーとして成功するために必要なことに集中しているため、心のなかでは結果に固執しなくなる。このように、バランスの取れた心理状態が長期的に成功する最大のチャンスをもたらしてくれるのである。「ベテラン」は何度も何度もこういう状況に置かれているため、いつもの決まった動作に集中していられるが、逆に新人は感情の起伏が激しくなる。

投資家は自分にずいぶんとプレッシャーを掛けるものである。相場はどう動くのか、いくら儲かるのか、十分な金額を投資しているだろうか、あるいはどの投資商品を選択すべきだろうかと心配したりもする。そうしたことに加え、何らかの目標を達成するには投資リターンが極めて重要になるため、プレッシャーのせいで優柔不断になることもある。ゴルファーと同じように、投資家も今までやってきたことをそのまま続けるべきなのだ。普段から健康的な習慣を身につけ、しかもさらにプレッシャーがかかっているときにもその習慣を続けることである。そうすることで正しい投資判断が下せるようになり、それによって結果もおのずとついてくるのである。

情報を集める

最も簡単な作業のひとつが情報を集めることである。情報はどのようにしたら集まるのか、またどのようにしたら集めすぎになるのかはすでに説明した。投資やアイデアについては自分にとって十分だと思える程度に徹底的に調べればよいが、その場合には自分で期限を設けることである。投資ではどの分野でも専門家になることはできないが、自分の好きなことや心配していることは見つけられるはずだ。特定の投資先や投資戦略のプラス面とマイナス面の両方に目を光らせることである。ある状況に関する情報を全部集めることなどけっしてできない。投資判断を下すには、重要な情報だけを集めればよい。

決断を下す

次のステップはもう少し難しいが、けっして不可能なことではない。バランスの取れた心理状態で、将来のことなどあれこれ心配せず、単にプラス面とマイナス面を分析したうえでベストショットを狙うことである。それで大丈夫そうなら決断を下せばよいし、大丈夫でなさそうなら違う投資商品に変えればよい。思い出してほしい。決断を下さないのは、まさに何もしないという決断を下すことにほかならない。本当に自分は何もしないという決断を下したいのかどうかを自問してみることだ。そうすれば、最終的には怠けたせいでそういう結果になることはないだろう。

決断したらすぐに引き金を引く

情報を集め、決断を下したら、もうやるべきことはやったと考えるかもしれない。しかし、一番肝心なのはそのあとだ。決断を下したらそれを実行に移さなければならないからだ。信じてくれるかどうかは分からないが、ここへ来て次々と疑問がわいてきたり、あとからとやかく言ったりするようになるのである。

例えば、皆さんが投資をすることに決めたとしよう。まずは証券マンに電話を掛ける。すると証券マンが、「その投資については良いかどうかは何とも申し上げられません」と言う。すると皆さんは税金面で優遇される投資にしようと決めるが、その後の家族会議で、公認会計士の妹が「わたしだったら税額控除される投資なんて絶対にしないわよ。これまでそういうのを何度も見てきたけれど、どれも問題だらけだったから」と意見を言う。すると「ああ間違った決定を下したのかもしれない」という考えが頭をよぎってきて、心のなかに疑問がわいてくる。そしてもっと多くの情報を集め、振り出しに戻って考えてみようという気になってくる。これでは間違いなく、一歩前へ踏み出す行動を起こせるような人間とは言えない。

重要な行動を起こすときのわたしのやり方は、何年も前に学んだことがベースになっている。わたしはベトナム戦争中の一九七〇年代に工学部に通っていた。徴兵される年齢になったとき、徴兵されることに対してヘッジを掛けるべきだと考えた。もし自分が徴兵されたら、ROTC（米予備役将校訓練団）に志願すれば少なくとも将校として戦場に赴くことができると読んだのだ。二年間の教育課程ではライフル銃や武器を撃つ訓練をし、最後には特級射撃手という称号を与えられた。

わたしが学んだのは、的をうまく撃ち抜くカギは、余計なことは一切考えず、とにかく引き金を引けばよいということだ。一度も武器を扱ったことがない人に言っておくが、体を完全に静止させることなんてできないのである。心臓の鼓動が高まり、体全体を血液が流れるだけでも、的をわずかに外してしまう。だから照準器を上から見下ろすと的が動いているように見えるのだ。的と照準器がほんの一瞬並んだときに、「ここまでは大丈夫だっただろうか？　次のチャンスが来るまで待ったほうがいいのか？」などと考えている時間はない。的をうまく撃ち抜く準備をしたら脳のスイッチをオフにして、撃ち抜いたあとのことなど心配せずに引き金を引けばよいのである。そうすれば思っているよりも正確に的を撃ち抜くことができる。

投資には射撃と似ている点がたくさんある。射撃の準備をしている射手と同じで、投資家も情報を集めなければならない。次に射手は的を定め、引き金を引く決断を下す。投資家も自分のポートフォリオについての決断を下す。最後に、射手は何も考えずに引き金を引くが、投資家も電話を掛け、手紙を書いたり小切手を切ったりして投資をする。したがって、決断を下すのが難しそうだと思ったら、射手のことを思い出しながら、とにかく引き金を引いてみることである。

第16章

針路を保つこと——最も難しい決断

ここまでは、投資家が事前に避けることのできたリスクをとってしまった、貪欲に儲けを追求してしまった、あるいは何もしないことで逆に損をしてしまった、というミスについて見てきたが、皆さんを混乱させてしまうのを承知のうえで言わせてもらうと、投資商品が収益を生み出してくれるのをただ辛抱強く待っているというのは、今まででも最も難しい決断のひとつだろう。それでは、実業界の大物アンディ・マーレーがどんな投資をしているのかを見てみよう。

マーレーは妻と二人でアメリカ西海岸に住んで二〇年になるが、決断力のあるビジネスマンの究極の模範になっていた。何かの判断を仰ぐと、与えられた時間に集められる情報をすべて集め、自分の判断を評価し、その判断に対する責任をすべて負って行動した。彼の信念は常に最善を尽くすということだったので、だれもが彼にいろんなことを依頼してきた。キャリアアップの面ではそれが功を奏し、会社は矢継ぎ早に彼を昇格させ、そのたびに彼の責任は重くなっていった。

マーレー夫妻は中年期に差し掛かり、子供たちも大学に進学して親元を離れていった。すると、次に訪れる人生の大きな転換期として退職がおぼろげに見えてきた。マーレーは仕事で成功し、家族も十分に養ってきたという自信から、投資というものは多くの時間をかけて学ぶものなんかではないと甘くみていた。実際、彼は高額の小切手が切れるように仕事をがんばり、世間の基準から見ても大成功を収めたと言えるほどになっていたからだ。

しかし、一流企業の幹部の収入でやっていく贅沢な生活に慣れてしまった二人は、退職後も同じレベルの生活ができるほどは蓄えていなかった。マーレーはこう考えていた。

「大丈夫さ。投資を始めるから。子供たちも手を離れたし、貯金なんてすぐに貯まるよ」

決断力に優れたマーレーは、ファイナンシャルプランナー、証券マン、マネーマネジャーに相談し、情報を集めて自分のプランを実行に移した。また、さまざまなマーケットに精通できるようにと、週末には必ず時間を取ってその週の経済ニュースを読むようにした。

いつものとおり、決断を下すプロは何の問題もなく投資を始めた。金融の専門家たちと何度も会合を重ねた結果、勤務先近くのファイナンシャルプランナーに資金の運用を任せることにした。会社から近いため、アドバイザーとは定期的に会うことができるし、その分散投資やリスク管理のやり方も気に入っていたからだ。アドバイザーは、理解しやすいドル・コスト平均法で投資信託を買い付けてはどうかと提案してくれた。いくつかのファンドに毎月決まった額を分散投資するというやり方だ。ファンドの基準価額が高いときには購入する口数は少なくなるが、逆に基準価額が安いときには多くの口数を購入することができる。マーレーは月々の給与の二五％を投資に回すことにした。妻も同意してくれ、二人は行動計画に着手した。

それから半年後、中間報告をしてもらう時期がやって来た。アドバイザーのキャンディス・マーフィーからは、すべて順調にいっているという説明を受けた。二人が選んだ比較的安全なファンドは、最初の四カ月間は上昇していたが、その後下落し始めた。ドル・コスト平均法では、こうした調整局面で多くの口数を購入することになる。再び上昇したときにはそれだけ多くの口数を持っていられるわけだから、結果にも満足できるだろうというわけだ。だがマーレーは、今後相場は下落すると読んでいた。ちょっとした押しなのか、それともファンドを打ちのめすような長い弱気相場がやって来るのかは分からなかったが、ファンドの基準価額がどんどん下がっていくのを見詰めながら、目減りしているファンドに新たに資金を投入するのは理にかなっていないと考えていた。そこでマーレーは、今のファンドはこのまま保有し続けるが、これ以上は買うのをやめて、当面はMMA（**訳注**　金融市場預金勘定。証券会社のMMFに対抗してアメリカの銀行が提供している高利回りの金融商品）で少し資金を貯めておきたいとマーフィーに話した。するとマーフィーは、ドル・コスト平均法で投資信託を購入するという二人の決断を貫くようにと説得してきた。もし基準価額が安いときに買い増しておかなければ、今後基準価額が上昇しても口数が増えないではないかと言う。しかし、マーレーは自ら決断を下してその計画を先へ進めていた。

ところが、一カ月もしないうちに相場は上昇に転じた。マーレーは何度か海外旅行に行くことになっていたため、三カ月後にファンドを見直すことにした。ファンドは順調に推移しており、実際に新高値を付けていた。経済新聞も翌年の相場をかなり楽観的に見ていた。マーレーはマーフィーに電話を掛け、貯金を投資信託に投資することにすると告げた。それだけでなく、よりアグレッシブなファンドを一本追加してポートフォリオをさらに分散した。

それからおよそ半年後、マーレーは前年の市場についてまとめた記事を読みながら、その記事に載っている市場と自分のポートフォリオを比較してみようと考えた。市場は過去一二カ月の間に二％上昇していた。自分が専門家に相談しながら選んで追加したファンドなのだから、これよりも良いはずだ。マーレーはそう思っていたのだが、驚いたことに、マーフィーからの報告によると、時間加重収益率、つまりマーレーが実際に投資していた期間を計算に入れた実際の収益率はマイナス二％だった。マーレーのモットーは収益第一だった。これまでも実業界では常に決断を下し、利益を出してきた。損失は最小限に抑え、利益を伸ばしてきた。そこでマーレーは、きちんと結果を出せる人間に資産を管理してもらいたい、そういう人間を探すつもりだ、とマーフィーに告げた。

こういう話は何度となく繰り返されている。マーレーも周到な計画を立てていたが、タイミングが良いと思っているときだけ資金を投じ、その後しばらく動きがないと不満を募らせ、何かほかの投資商品に目移りしてしまったのだ。それから数年後、マーレーは「投資の世界はバカ者と無能な運用担当者の集まりだ！」と確信するに至ったのだった。

ときには針路変更も必要

マーレーが事業で成功したのは決断力があったからである。何かが起きるのをただ待っているだけの人は、長い間待っているのが普通である。前章でわたしが指摘したとおり、投資の世界にアプローチするには、自分の決断に責任を持ち、適度な量の情報を集め、リスクについて考え、そして行動することが極めて重要なのだ。もし何かを変更する必要があるなら、そのあとで変更すればよい。これも事業で成功するには重要なことである。マーレーはその才能を持っていたし、きちんと実行していたのだが。

針路を保ったほうが良い場合もある

船乗りは「直進する」という意味で「針路を保つ」という言葉を使う。よく風が吹いて帆が膨らみ、船が風を切って進むことがあるが、このようなときには何もせず、それまで進んできた針路をそのまま進むことを意味する。投資の場合には、自分が今までやってきたことがうまく機能しているので、戦略を大幅に変更する必要はないということだ。

マーレーが最初の半年間の報告を聞きに行ったときには、ドル・コスト平均法がうまく機能していた。マーレーは相場が下げているときに多くの口数を買い、次の上げ相場に備えてポジションを増やしていた。針路を保つというのは、相場が下げているときにも買い続けることである。しかし、マーレーはそうするのを拒んだ。途中で針路を変更し、投資に尻込みしてしまった。やがて相場が高値を付けたあとで追加資金を投入し、平均購入価格を下げるのではなく、上げてしまったのだ。ファンドの選び方ではなく、投資のタイミングによって損をしてしまったわけである。ファイナンシャルプランナーをクビにするのは、悪いニュースを持ってきた者を銃で撃つようなものである。それでは何の解決にもならない。

今までのやり方をそのまま続けたほうが良い場合もある

本書では、将来皆さんが投資をするときに検討しなければならない行動や事柄についてずいぶんと言及してきたが、ここではまったく逆のことをお話ししたいと思う。投資がうまくいっている場合は、そのままじっとして、ただ座っていればよい。そうでないときは、自分の投資資産の価値が上がるまで座って待つ。反対に、厳しい時期を乗り越え、投資戦略が再びしっかりと機能するまで辛抱強く待っていなければならないときもある。

有名な相場師ジェシー・リバモアの自伝的小説『欲望と幻想の市場――伝説の投機王リバモア』（東洋経済新報社）のなかで、リバモアはいつの時代にも通じる助言をしている。

「ウォール街で長年浮き沈みを経験した者としてこれだけは断言できる。おれが大きく儲けられたのは、けっしておれの頭脳によるのではなく、相場に腰を据えてじっくりと居座ったからなのだ。おれの言わんとすることがお分かりだろうか。相場から頻繁に出入りしない辛抱強さだ。相場を正しく判断するのはけっして難しいことではない。いつでも、上昇相場でも早い時期から強気になっている者、また下降相場でも初期段階から弱気になっている者は多い。（中略）相場の判断にすぐれ、かつ辛抱強い人というのはなかなかいない。それは習得するのが最も難しい業だと思う。（中略）それゆえカモなどではまったくないはずのウォール街のトレーダー連中が、かくも多く損をするのだ。彼らは相場に負けたのではない。判断力はあるのに辛抱できなかったという点で、自分に負けたのだ」

優れた投資をするときの必要条件のひとつとして、辛抱強さが挙げられる。先にも述べたとおり、投資家が習得すべき事柄で最も難しいのが、間違いなくこの辛抱強さである。次に投資判断を下すときには、こんなことも考えてみるとよいだろう。

「自分は今の投資計画に辛抱強く従っているだろうか？」

第17章

成功するためにはエゴを捨てろ

数々の素晴らしい行いをするのを妨げるのは、われわれ人間のエゴ（自我）である。頑固なエゴがいかに多くの争い事の原因になっていることか。エゴが強く、相手の考え方を認めることができないがために、いかに多くの夫婦が離婚に至っていることか。企業合併が遅々として進まないのも、合併後の組織が取締役会のメンバーやＣＥＯ（最高経営責任者）の強いエゴのせいである。政治家にしても、民意ではなく自分たちのエゴで政策を決定することが多い。それでは、エゴの強いある投資家の話をしてみようと思う。

リチャード・レイナー医師はミズーリ州セントルイスにある病院の実力者で、その経歴も、サクセスストーリーの題材にするにはまさにうってつけの人物である。セントルイス西郊外の裕福な家庭に育ったレイナー医師は、名門の私立高校に通い、東部のアイビーリーグの一流校で大学と大学院の医学課程を終えた。成績はどのクラスでもトップで、大学病院からも引く手あまただったが、結局は故郷のセントルイスに戻った。幼少のころから知っている人々から称賛され、敬意を持って迎えられたレイナー医師は、まるで戦場から帰還して凱旋している騎士の気分だった。

心臓専門医の職に就いてから数年後、レイナー医師は心臓科長に昇進した――この病院では最年少の科長である。外科医、看護師、病院の経営者も意のままになった。エリートとして扱われたが、レイナー医師はそれを大変気に入っていた。何しろ、この領域ではアメリカ屈指の医師のひとりだったのだ。収入もかなりの額に上った。大学時代の奨学金もすでに完済していたし、早く退職して贅沢な暮らしができるよう、そろそろしっかりした投資ポートフォリオを組む時期になろうとしていた。

レイナー医師は初めて投資に取り組んだが、そのやり方は実にシンプルなものだった。セントルイスに戻ったときに家族が五〇年前から使っている銀行に口座を開き、当面の生活費以外の余裕資金をＭＭＡ（**訳注**　金融市場預金勘定。証券会社のＭＭＦに対抗してアメリカの銀行が提供している高利回りの金融商品）やＣＤ（譲渡性預金）に投資した。それから間もなく、レイナー医師には富裕層を対象とするプライベートバンキングの担当者が付き、資産運用の要望には即座に対応してくれることになった。複数のＣＤで一〇万ドル以上を保有していたレイナー医師は、ついに本格的な投資プログラムを始めることにした。

しょせんＣＤは小口資金しかない個人投資家向けの商品だ。今では莫大な金があるし、今後も定期的に入ってくる。今のペースで投資を続けていけば、数年後には預金と年金を合わせて数百万ドルになるはずだ。

プライベートバンキングの担当者は、信託部門で投資を始めるのが一番だと助言してきた。信託部門のポートフォリオマネジャーたちは平均三〇年のベテランぞろいで、レイナー医師の父親のことも知っていた。そこで彼らは、比較的リスクを抑えて安全に資産を増やしていく株式と債券に投資する戦略を提示した。これまで銀行が提供してきたサービスや懇意にしてくれることに感銘を受けたレイナー医師は、その戦略に同意した。

レイナー医師は、その後の二年間で約六〇万ドルを投資し、その資産価値も六一万四〇〇〇ドルに上ったが、結果には納得していなかった。もっと収益が増えてもよいはずだが……。そこで彼は、プライベートバンキングが一番の敏腕ポートフォリオマネジャーを付けてくれていないのではないかと考え、担当者に不満をぶつけた。担当者がその不満をすぐに信託部門に伝えたところ、最もベテランのポートフォリオマネジャーがレイナー医師の口座を担当することになった。それから一年半がたったが、成績はわずかに上がっただけだった。するとレイナー医師は、自分の資産を増やしてくれる人間、自分にふさわしい結果を出してくれる人間に資産運用を任せようと決心した。

セントルイスには由緒ある投資銀行があった。レイナー医師はカントリークラブのバーでその幹部のひとりと会った。その幹部はレイナー医師にこんな話をした。

「おおむね信託部門というのは極めて保守的でして、退屈でうんざりするようなときもあるんです。ですから、先生の利益にもっと目を配り、大きな取引をしていただけるような担当者、もう少し企業家精神のある担当者がよろしいでしょう」

レイナー医師は、最初の投資が残念な結果に終わっていたので、とにかく良い結果を出してほしい、とその幹部に頼んだ。幹部のほうは、それは問題ないから、ぜひとも運用を任せていただきたいと言う。レイナー医師は、これでようやく最高級のサービスが受けられると考え、資産をこの投資銀行に移した。

比較的リスクが低く配当もある株式と新規公開株が新たにポートフォリオに

加わった。株価が上昇したものもあれば、下落したものもあった。買いや売りの注文が出され、取引の回数は間違いなく増えていった。レイナー医師は、やっと自分の資産に気を配ってくれる人が見つかったと考えた。運用担当者とはカントリークラブで頻繁に会って投資の話をした。その担当者は人を引きつけるような性格で、面白い話もしてくれた。ポートフォリオに加えたあらゆる銘柄について何らかの情報を持っており、どこにチャンスがあるのか、といった話もしてくれた。レイナー医師はようやく投資のプロが見つかったと思い、新たなファイナンシャルアドバイザーにすっかり安心して任せるようになった。

それから数年後、新規公開株は軟調に推移していた。納税の時期がやって来ると、「ビッグシックス」の一角をなす国際的な会計事務所に属する公認会計士が、レイナー医師に損失について尋ねてきた。だが、運用担当者はポートフォリオの見通しについては常に強気だったため、レイナー医師はきちんと答えることができなかった。そこで慌てて調べてみると、例外的な勝ち組銘柄を除き、全体の運用成績が市場平均よりも劣っていることが分かった。

レイナー医師は裏切られたような気がした。

「こんなにひどい扱いを受けるとはあんまりだ。金額も多いし、増える一方のポートフォリオなのだから最高のアドバイスを受けてしかるべきだ。今までのアドバイザーは全員、わたしの資産運用でミスを犯しているのではないだろうか。医師が仕事でミスをすることは許されない。患者の命にかかわるからだ。どうしてきちんと仕事ができる人間が見つからないのだろうか？」

レイナー医師はとうとう決心した。

「きちんとした仕事をするなら、自分でやるしかない」

レイナー医師は聡明な男だったし、複数の銘柄をチェックすることなどそれほど難しくはなかった。そこで、まずはニュースレターの購読を申し込み、売買手数料を節約しようと、証券口座を大手のディスカウントブローカーに移した。投資アドバイスは提供してもらえないが、投資判断は全部自分でやるつもりだったので、ディスカウントブローカーでも問題はなかった。

レイナー医師は、自分のように社会的信用のある個人が経営していそうな企業をいくつか見つけ、それらの株に投資し始めた。経営陣はしっかりした家柄の出で、人脈もあった。レイナー医師は、自分の満足度に応じて、それらの株を多かれ少なかれすべて購入した。貴重な時間を投資に費やさなければならないのは嫌だったが、最終的に良い結果を出すためには仕方がないと感じていた。

それから約一年後、そうして購入した株のひとつが大きく値を下げていた。レイナー医師はその企業に電話を掛け、自分の名を告げると、社長秘書からはSR（株主向け広報）担当と話してくれと言われた。自分のような重要な株主は「企業のトップ」と直接話すべきだろう、とレイナー医師は思ったが、秘書は丁寧に謝りながらも、社長あてにはたくさんの電話が掛かってくるので対応し切れない、SR担当と話していただくしかない、の一点張り。レイナー医師は文句を言いながらも納得した。SRの担当者も丁寧にいろいろと説明してくれたが、レイナー医師が安心するには至らなかった。レイナー医師はすぐさまディスカウントブローカーに電話を掛けると、持ち株をすべて損切りした。

株式市場は再び周期的に訪れる通常の低迷期に入り、一五％下落した。レイナー医師が保有している銘柄も、ほとんどが含み損を抱えることになった。株価が暴落した銘柄も一つあった。レイナー医師がその企業に電話で問い合わせてみると、「現在、組織再編を進めております」という録音されたメッセージが流れるばかりで、詳細が分かるまではどの電話番号に電話をしてもつながらなかった。レイナー医師は心配になってきた。資産価値が目減りしていくのを見て、ほとんど茫然自失していた。人生でこれほどの惨敗を喫したことがなかった彼は、相場で勝つ方法がどうして分からないのかが理解できなかった。彼もイライラを募らせた投資家になってしまった。

サービスの良さと投資収益率とは関係ない

レイナー医師は、自分のエゴを満足させるものとして良いサービスを求めていた。サービスが良ければ良い結果が得られるのではないかと思っていたのである。素晴らしいサービスを受ければ気分が良いし、わたしもだれにも負けないぐらいサービスを受けるのが好きだが、サービスの良さと運用成績の良さとはまったく関係ない。証券会社、資産運用会社、信託部門の多くは素晴らしいサービスを提供し、巨額の資金を集めておきながら、月並みな成果しか出していない。

サービスなどどうでもよいと言うつもりはない。もしファイナンシャルアドバイザーが提供するサービスのレベルに不満があれば、顧客は離れていってしまう。もしサービスが許容できるレベルなら、投資のリスクと利益に集中するようにしよう。

投資をするときにエゴは危険

レイナー医師はエゴの塊のような男だった。自分に自信があったし、周囲の人間からもエリート扱いされていた。やることなすこと、すべてがうまくいっているかに見えた。多くの人は彼の外面を見て、自信を持っていると勘違いしたのかもしれないが、自信とエゴとはまったく違う。エゴの塊のような人間は自分に自信がなく、その自信のなさの裏返しとしてエゴを貫こうとしているのだ。自分に自信があれば、それだけ自分のエゴを満足させる必要もなくなるものである。

「自分は聡明だ」「ずば抜けている」「市場に精通している」とうぬぼれてい

るエゴの塊のような投資家に、市場は決まって挫折感を味わわせる。投資などするな、と市場は何度もしつこく諭しながら、そんな投資家たちのエゴをズタズタに引き裂くのである。

市場というのは、危ないが役に立つ道具のようなものである。電動ドリルも、熟練した木工職人が使えば素晴らしい道具だが、幼い子供が使うと大けがをする場合がある。しかし、その木工職人がエゴをむき出しにして安全性をおろそかにしたり、ドリルをぞんざいに扱ったりすれば、いかに危ない道具かを思い知ることになる。

市場を怖がることはないが、市場を完全に攻略することなど絶対にできないのだということを知っておく必要はある。とにかく市場に留意し、投資のプロセスから自分のエゴを排除することだ。そうすればひどく失望を感じたり不満を抱いたりすることなく、投資家として成功することができるだろう。

第18章

市場はランダムではない、そして皆さんに伝えたいこと

市場はランダムなのだから、投資のコストを考えたらパッシブ投資（**訳注**　市場全体の動きと連動した運用成績を目指した投資手法）に勝るものはない、と多くの学識者は言う。市場のランダムウォーク理論を提唱する多くの人は、投資について論じているか、教えているだけである。一方、わたしを含め、投資業界に身を置く友人たちの多くは、長年にわたって資産運用で成功を収めている。だから市場はランダムだという考え方は、わたしに言わせればまったく筋が通らないのである。

市場は買い手と売り手が一緒になって取引をする場にすぎない。双方とも資金をリスクにさらしている。自分にとってはそれが一番利益になると思って投資判断を下しているわけだから、どちらか一方がその価格に納得しなければ取引など成立しない。通常の需要と供給のバランスが悪いときには、相場は需要と供給のバランスが取れるような方向に動く（また「バランス」だ。わたしはこの言葉をよく使うが、お気づきだろうか？）。言い換えると、例えば、ある企業がまさに買収されようとしているとき、買収価格は高くなるだろうと思っている投資家が多いとする。そうすると、一般にはその企業の株式を買いたい人のほうが売りたい人よりも多くなる。すると買い需要と売り需要が釣り合う水準まで株価が上昇する。一方、だれもが相場は暴落すると思い、パニックに陥っているとする。すると売り圧力のほうが買い圧力よりも強くなる。その場合、株価は買い方がリスクをとって買うには十分に割安になったと思える水準まで下落する。そして株価は再び買い需要と売り需要が釣り合う水準で落ち着くというわけだ。

もしすべての投資家も市場がランダムだと考えているなら、わたしもその考えに賛成する。わたしはどちらかと言うと、ほとんどの投資家は何らかの投資法を用いており、毎日のようにその方法を変えることはないと思っている。その方法はしっかりしたものかもしれないし、まったく頼りにならないものかもしれないが、いずれにしても、市場に決定的な影響を及ぼすのは投資家の最終的な判断である。したがって、市場に資金を投入する、あるいは市場から資金を引き揚げる人間の心がランダムではない以上、市場もランダムではない動きをして当然なのだ。要するに、個々の投資家がいつ、どういう投資判断を下すかがすべて分かれば、株式の需要と供給の圧力を正確に予測することもでき、そうすれば、将来の値動きを正確に示す指標を作ることもできるわけである。これをランダムな動きだと考えるのは笑止千万だろう。

私生活が投資結果を左右する

投資の成績や心理状態を大きく左右しているものが自分の生活であることが分かっている投資家はほとんどいない。だが、少し考えれば分かるように、投資をしている時間を生活から完全に切り離すことなどできやしない。なぜなら、投資をしているときとそれ以外の時間を合わせたものが自分の生活のすべてだからである。投資に費やす時間とエネルギーを投資以外の活動に回すことはできない。

多忙で働きすぎの企業幹部は、証券マンから電話が掛かってきても投資のことなど考えている暇がない。だからこんな受け答えに終始する。

「良さそうだね」

悪戦苦闘中の若い投資家は、大儲けしてつまらない生活から抜け出したいと思っている。また離婚の危機にある別の投資家は、投資資産が配偶者への慰謝料になるかもしれないと考え、必要以上に保守的になる。昨晩少し飲みすぎてしまった投資家は、二日酔いの頭痛のため、面白くも何ともない目論見書や契約書を読む気にはなれない。長時間職場に缶詰めになって疲れている会社員は、証券会社から取り寄せたパンフレットを読むのを後回しにする。カフェイン入りのコーヒーやソーダ水を飲みすぎた証券マンは、仕事に集中することができない。こうなると、明確な投資判断を下すどころか、結果が出ないことに感情的になり、ファイナンシャルプランナーをクビにしてやろうと思ったりする。

もし何かの成績を上げたいと思うなら、ただひとつ、こう自問してみることだ。

「この場面で最善を尽くすにはどうするべきなのだろうか？」

オリンピック選手はたったひとつのイベントに神経を集中させながら日々を過ごしている。目標を定め、金メダルを獲得するために肉体と精神を鍛えている。最高のパフォーマンスを引き出すために生活全体のバランスを取っている。もし私生活でトレーニングの緊張を緩和できずに、トレーニングに支障を来すようなら、試合で優れたパフォーマンスを発揮することもできなくなる。新聞には契約上のトラブルや個人の問題、ルールの変更などで本来の力を発揮できなかったスポーツ選手の記事があふれている。ホームで試合をするほうがアウェーで試合をするよりも楽である。通常の生活スタイルを維持できるし、試合にも集中できるからだ。地元を離れるとスケジュールも変わり、肉体的にも精神的にも常に一定のリズムを保つのが難しくなる。

私生活でのストレスも投資に大きな影響を及ぼす。わたしは仕事がうまくいかずにストレスを抱えている顧客をずいぶんと見ているが、ほとんどの場合、そういう人は投資にも異常なほど神経質になっている。自分の資産だけが盾となって破産から身を守ってくれることを知っているからだ。そういう人は投資の成果を常に気にして感情的になりすぎるため、おおむね芳しくない成果しか出せなくなってしまうのだ。また、結婚、出産、離婚、失業、退職、配偶者との死別などが生活でのストレスの原因になる場合もある。バランスの取れた投資家として成功するかどうかは私生活にもかかっている、ということを知っておくべきだろう。

単に優れた投資家になるために生活全体を変えるべきだと言っているのではない。**ただ、自分の生活が投資の成功にも失敗にも大きく影響することを知っておくべきだと言っているのである。**何年も前のことだが、わたしはコーヒーを何杯か飲んだあとで衝動的な投資判断を下してしまったことがある。カフェインは確かに脳の働きを活発にしたが、集中して論理的な判断を下す能力を低下させてしまった。そこでカフェインを摂取するのをやめたところ、判断を下すのがはるかに楽になった。それに加え、私生活でもよりリラックスできるようになり、ストレスを感じることも少なくなった。

優れた投資家になるために、または証券会社の優れた顧客になるために、必要な道具をそろえ、時間を費やしてトレーニングを積んでいるだろうか？　私生活のなかで努力することでストレスを減らし、集中力を高め、それによって投資の能力も向上させられるような点はあるだろうか？　そんなことを少しでも考えてみてほしい。

コスト削減と収益増大

わたしはさほど裕福ではない家庭に育った人たちを大勢知っている。わたし自身もそのひとりである。そんなささやかな収入の範囲で生活しようとしている人たちは、よく投資についてこう口にする。

「投資のポートフォリオを組めるほどの貯金なんてないよ」

彼らは常に次の給料日までは何とかがんばろうとしているようで、車の購入代金や大学の授業料といった大きな出費には、「そのときになったら考える」という態度で臨んでいる。

生活しながら貯金をするのは、それ自体が興味深い問題だ。月にほんの数ドルなら、だれでも貯金はできるだろう。クーポン券を切り抜いたり、店員と値引き交渉をしながら安い買い物をしたりするのを楽しむ人もいる。彼らは時間と頭を使って生活費を切り詰めながら、ライフスタイルを維持している。しかし、チリも積もれば山となるで、もしその気になれば、わずかな貯金でも十分な投資資産に育てることができるのだ。

残念ながら、人によってはコストを削減して節約することに時間とエネルギーを使いすぎ、それで投資への道を狭めてしまっている場合がある。こんなことを言うと、皆さんは気分を害してこう反論するかもしれない。

「言っていることがおかしいんじゃないか？　証券会社の委託手数料は安いほうがよいし、優良な不動産物件を買うときだって交渉するじゃないか。それはどういうことなんだ？」

確かに投資のプロセスでコスト削減を目指すことには賛成だが、コスト削減ばかりに気を取られていると、投資のリスクやリターンがおろそかになり、道に迷ってしまうということなのだ。

例えば、皆さんは安い買い物をするためにじっくりと時間をかけて新聞の安売り広告を見てから、店を四～五軒はしごするとしよう。だが、それで節約できる金額となると、自動車のガソリン代や安い買い物をするために費やした時間コストと比較してみてもけっして多くはないだろう。逆に、その余分な時間や労力を自分の投資のポートフォリオに向けることができるはずだ。将来が期待できそうな新たな分野について勉強することもできるかもしれないし、ポートフォリオの運用成績をチェックして変更すべき点について考えることにもっと多くの時間を費やすこともできるかもしれない。大きなミスをしなくても済むように、面白くも何ともない目論見書を読む時間を取ることもできるかもしれない。一時間のセミナーに出席して、税制や投資のテクニックについてもっと学ぶことができるかもしれない。三時間ほどあれば、この本だって読めるかもしれないだろう！

それでは、コストを削減して収益を増大させることから何が得られるのかを見てみよう。倹約家はコストを抑える。まずは通常ならどのぐらいのコストがかかるのかから始め、同じ商品やサービスに支払う金額を減らすことに時間とエネルギーを費やした場合、どの程度コストを抑えられるのだろうか？　確かにゼロにすることはできないが、五%、一〇%、あるいは一五%抑えることはできるかもしれない。これならまずまずの価値がある。しかし、**個人が毎年コストを削減して節約できる金額には明らかに限度がある。**

次に、投資家の努力について考えてみよう。投資家は時間とエネルギーを使って投資の成果を上げようとする。投資家をそこまで突き動かすものは何なのだろうか？　投資に集中すると何が得られるのだろうか？　運用資産の規模によって違ってくるが、数ドルから数百万ドルが得られるのである。**努力して投資収益を増大させれば、論理的にはいくらでも利益を増やすことができるのだ**。

われわれには時間があるが、時間には限度がある。**投資家が儲けられる金額に限度はないが、貯蓄できる金額には明らかに限度があるという場合、成功するためには、投資家はその時間を使って収益を増大させなければならない**。ポイントは、投資する資産がなければ、それは単なる夢物語で終わってしまうということだ。資産額が大きくなればなるほど重要になってくるのは、自分の資産を増やしつつコストを抑えることに時間を費やす必要性が増してくるということである。どの分野でもそうだが、バランスが極めて重要だ。自分の投資資産が少額かゼロに等しいときには節約ぐらいしかできることはないが、投資資産が膨らんできたら、コスト削減ではなくリターンを伸ばすことのほうにより重点を置くべきである。人生経験を重ね、さまざまな規模の投資を経験していくにつれ、投資にも難なく集中することができるようになるはずだ。そのためには自分の行動を変える必要がある。コスト削減と収益増大にエネルギーと時間をどう配分するかについて考え、バランス良く配分できているかどうかを判断する必要がある。「将来に備える必要などない」とか「節約する必要などない」と言っているのではない。節約と投資に費やす時間とエネルギーのバランスを考えるべきだと言っているのである。

プロセスに集中すれば結果はおのずとついてくる

われわれは結果を気にしながら大半の時間を過ごしている。子供のころには近所に住んでいる子のことを心配するし、大きくなると大事な試験や次の試合のこと、初めてのデートや次の昇進のことを心配するようになる。しかし、ちょっと考えてみると、先のことをいくら心配しても、最終的に良い結果が得られるわけではないことが分かるだろう。実際には先のことを気にすると緊張してしまい、持てる力を十二分に発揮することができなくなる場合がある。

もし何かが心配だというなら、せめて前向きな心配事だけにしよう。自分ではどうしようもないほどストレスがたまる出来事がある一方で、自分の能力や才覚を注ぎ込めば結果が違ってくることもある。それでも心配だというなら、前者ではなく後者のほうに集中してみよう。**自分で変えられる事柄に集中していれば、人生をコントロールできる状態に持っていくことができる。**何かの結果を気にしていても成績が良くなるわけではない。おそらく胃に穴が開くだけだろう。

わたしはゴルフが大好きなので、ゴルフの例を用いてこの考え方を説明させてほしい。例えば、皆さんは一五〇ヤードのショットを打とうとしている。池とバンカーの向こうのグリーンは狭く、三段になっており、周囲は深いラフ、グリーンの向こうはがけになっている。しかし、ショットをミスしたらどうしようと考え込んでしまうと、きっと緊張して良いショットを打つこともできなくなるだろう。逆に、シンプルでまっすぐな一五〇ヤードのショットを打つことだけに集中していれば、ボールはグリーンの上に落ちる。そうすればそのホールを終えて、次のホールに進むことができる。人生と同じように、ゴルフでもリラックスしていればそれだけ良い成績を出すのが楽になるのである。何かが起きたらどうしよう、などと悪いことばかりを心配するのではなく、スイングの練習をするなど、自分にできることに集中することだ。

これを株式市場に置き換えてみると、相場がどちらの方向に振れるかを心配するのではなく、どこに損切りを置くかに集中すればリスクを管理することができるわけだ。皆さんが心配しようがしまいが、相場はどちらかの方向に動くものである。皆さんがどうこうできるものではない。それなら、自分で変えられることに注意を振り向けてはどうだろう。マネージドフューチャーズ（訳注　先物投資一任勘定運用のこと。先物運用業者に運用を委託し、先物市場を投資対象にして資産運用を行う投資形態）でも、毎日いくら儲かるか損をするかで大騒ぎするのではなく、自分の総資産のうちどの程度をリスクにさらせばよいのかを集中的に考えるべきだろう。退職後も、元本と購買力を維持するために投資の資産配分に重点を置くべきだろう。自分でコントロールできることに重点を置いていれば、ストレスを大幅に減らしながら、より大きな成功を手にすることができるだろう。

投資は鏡のようなもの

投資は人生を映す鏡である。自分の投資を見れば、自分の能力、ストレスの度合い、弱点がすべて見えてくる。ギャンブラーのような投資家は、値動きが速く、リスクも高い投資を好む傾向がある。なかなか投資判断が下せないという人は、長時間待ってから株を買い、買ったらずっと保有する。生活のストレスが投資の成績にも影響する。鏡はウソをつかない。じっくりと鏡をのぞいてみて自分自身を理解するように努力することだ。賢明な投資ができるかどうかはそれにかかっている。

投資ではエゴを捨てろ

思い出してみよう。市場は自分や自分のエゴを尊重してくれるようなところではない。賢いし成功しているが、エゴの塊のような人間がそのエゴをズタズタに切り裂かれている――わたしはそのような投資家をずいぶんと目にしてきた。投資だけでなく人生でもエゴをむき出しにすると、欲求不満が募ってくるだけである。

わたしがあるインタビューに答えた内容を友人が覚えており、うまくまとめていたと言ってくれた。彼はその部分をきれいに切り抜いて額縁に入れてくれたので、わたしはそれを壁に掛け、毎日それを見ては思い出している。わたしはこんなことを言っていた。

「もし投資家が市場に対して謙虚でなければ、市場は投資家が謙虚になるように仕向けてくるだろう」

市場は多くの投資家を惑わすものだというのを肝に銘じておくことだ。完全に理解したと思った途端に、市場はまさに「謙虚になれ」という新たな教訓を突きつけてくるのである。

最後に思うこと

本書では、優れた投資をするための有益で実用的な考え方を示すことができたのではないかと思う。自分の状況に照らしてこうした考え方を取り入れるかどうかは皆さん次第である。投資で成功する一番の早道は、しっかりした投資をするためのプロセスに集中することだ。そうすれば結果はおのずとついてくる。

ここまで来たら、時間を費やして本書を読んだだけのことはあった、と思ってくれることを願う。多くの投資家は時間を費やして投資について学ぼうともせずに、投資の成果に失望してはイライラを募らせている。わたしは手術室に行ってだれかの手術をしようなどと思ったことは一度もないが、医師の多くはほとんど投資の勉強もしていないのに、休憩時間に電話を取って、投資の世界で生きているわたしと競うのは朝飯前だと考えている。

多くの研究は、定期的に運動するのが健康に良いとしている。自分の体がどう機能しているのかを深く理解していれば、健康的な食生活を維持し、生活の質を向上させることに役に立つ。同じように、投資でも定期的に運動をする、つまり学習することによって、経済状況を向上させることを考えるべきではないだろうか。金融関連の雑誌や書籍を読んだり投資セミナーに参加したりと、週に一時間でも投資について多くを学ぶことに費やせば、投資に関する知識が深まり、それによっておそらく経済状況を改善することもできるはずだ（本書を読めば、二～四週間分の勉強をしたことになる。悪くないだろう？）。

運動を楽しまなければならないと言っているのではない。運動する気になどなれない日もあるが、とにかく、わたしは運動するようにしている。なぜなら、運動することで身体能力が向上することが分かっているからだ。われわれは自分の仕事を持っており、普通はその仕事をすることで収入を得ている。収入を得たら、そのお金を何かに使う。多くの人はここで戸惑ってしまうのだ。お金の使い方についてもう少し知っていれば、人生はもっと楽になるし、あまり緊張せずに活動することもできるだろう。大切なのは、利息がいくら付くか、純資産がいくらあるかなど、お金に関する見通しではない。資金管理についてもっと詳しくなれば、資金管理でイライラすることもなくなり、高い運用成績を享受できる可能性も高くなるということだ。

投資についてさらに学ぼうという人に少し言っておきたいことがある。いくらがんばっても市場を完全に理解することなどけっしてできないということだ。

わたしは一二歳のときから投資をしているが、すべては新聞配達をして稼いだお金で投資信託を買うことから始まった。それから約三〇年たつが、わたしはまだ自分の技能を磨いている。完璧な投資家には絶対になれないことを知っているからだ。ただ、投資の腕を磨くプロセスを楽しむことはできる。わたしにとっては、それが頭の体操のひとつなのだ。よく言われているように、頭は使わなければどんどん衰えていくものである。

どうか投資についてもっと学ぶことにチャレンジしてほしい。きっと今以上に投資について詳しくなるはずだ。**皆さんは優れた投資家になるプロセスに生涯にわたって打ち込むことができるのだ**。優れた投資家への道は山あり谷ありだが、とても面白く、貴重な旅になるだろう。

本書では投資について考えてもらうための材料を提供してきたが、ここへ来て知識を詰め込みすぎて消化不良を起こさなければよいのだが、と少し心配している。最後になるが、皆さんが今後の投資で大成功を収めてくれることを心から願っている。

要点とチェックリスト

ここでは本書で述べた、すぐに実践に役立つポイントをいくつかまとめてみた。このチェックリストを使えば、資産運用を成功させるための要点を思い出し、気持ちを新たにして取り組むことができるだろう。投資をさまざまな観点から考えられるようにするために、また新たな投資商品を検討するときにも使えるだろう。ズルをしてこのチェックリストから読もうとしている人に言っておくが、本書は最初から読んだほうがよい。役に立つちょっとした考え方や情報を数多く盛り込んであるので、単にこのチェックリストを見ただけでは見落としてしまう点も多くあるからだ。

投資を成功に導くカギ

どのような投資商品をいつ売買するかという投資戦略を持つ。

資金管理戦略に基づいてリスクを管理し、ポートフォリオを分散する。

自分自身を理解すること。さもないと、投資戦略や資金管理といった前述の二項目を首尾よく達成することはできない。

お金は悪ではない

お金は単なるお金でしかない。
自尊心と資産とを切り離して考える。

自分の世界観が自分の世界を作り上げる

自分が認識している状況は自分の世界観に基づいたもの。
頭を柔軟にして新しいアイデアを受け入れること。
投資の足かせになるような認識のし方をしているならば、それを変えてみよう。

心のなかでバランスの取れたシナリオを描く

どうすれば良い方向に向かうのか？
どうすれば悪い方向に向かうのか？

何を期待しているのか？
バランスの取れた心理状態で投資を考える。

投資を始める前に投資から手を引く戦略を立てる

どこで利食いをするのか？
どこで損切りをするのか？
何をすれば間違う可能性があるのか、もし間違いが起きたらどうするのか？

計画を立ててから投資する

投資での最高のシナリオ、最悪のシナリオ、予想されるシナリオを書き出してみる。

まずは利益を出し、それから納税のことを考える

単に節税目的の投資は無駄である。
税制はあっさりと改正されることが多い。

契約書を読む

投資では毅然とした口うるさい消費者になる。
結局は法律で定められた情報開示にお金を払っているのだということを肝に銘ずる。
自分の投資に責任を持つ。

リスクはそれぞれ違う

投資収益が異なれば、それに伴ってリスクも異なるのが普通であると認識する。

リスクにはいろいろあり、損をするだけがリスクではない。

資金は運用会社に預けるな

資金は証券保管機関に預託し、運用会社か自分が投資判断を下す。
資金の預託先と運用会社を別にすることで、相互でチェックすることができる。

うますぎる話には裏がある

斜に構える必要はないし、優れた取引から手を引く必要もない。
ただし、うますぎる話には要注意。

バランスの取れた心理状態を維持する

最高のシナリオと最悪のシナリオを事前に考える。

予想されるシナリオとはどのようなものかを考えておく。
バランスの取れた心理状態を保てるかどうかが熟練した投資家と新米投資家の大きな違いである。

映画に出演している自分を見るように投資を客観的に見る

投資から距離を置いているとバランスの取れた心理状態を保てるようになる。
重要な投資判断を下すときには客観的で私心のない心理状態を目指す。

うまくいかなかったときのことも考えておく

頭を柔軟にして新しいアイデアを受け入れる。
予備プランを持つ。
常に最悪のシナリオを描いておく。

うまくいっているものをいじるな

損をしただけでは投資をやめる理由にはならない。

ベンチマークと比較して自分の投資結果を判断するには、それまでの投資環境を調べてみる。

損失は問題ない

長い目で見れば、損を出すことも利益を出すうえで欠かせない要素である。

損をしてもゲームを続けられるだけの資金を残しておく

資金の一部は現金で持っておく。
ひとつの投資商品には資金の一部だけを投資する。

損小利大

一度大きく勝てば少額の損失はすべて帳消しになる。
含み損を膨らませない。

十分な時間的な間隔を置いて投資商品をチェックする

投資商品をチェックするのにどのぐらいの時間を充てられるだろうか？　自分が行動を起こすのに十分で、最短の期間とはどのぐらいだろうか？

自分が投資商品の細かいデータを気にせずにいられるのに十分で、最長の期間とはどのぐらいだろうか？

現在の投資環境をチェックする

世界では今何が起きているのか？

これからどのような変化が起きるのだろうか？
これらの情報を検討して自分の投資が直面している全体的な状況を把握する。

さまざまな環境で自分の投資はどのような結果を出すだろう？

自分の投資で予想できるシナリオやベンチマークに備える。
楽観的になったり悲観的になったりするのではなく、現実的になる。

どんな投資にもリスクはある

リスクなどないと思っているなら、もっと下調べをする。
Tビル（米短期国債）でさえ一定のリスクがある。

投資という川でうまく舵取りをする

市場の流れに沿って進んでいるなら、そのままトラブルを避けながらオールをこげばよい。

市場の流れに逆らって進むなら、さらに先へ進むために必死でオールをこぐことだ。

素晴らしい実績を追い掛けるな

今は素晴らしい実績でも、すぐにそうではなくなることがある。

素晴らしい実績を追い掛けるということは、常に最高の投資に一歩遅れてついていっていることになる。

集団心理は間違っている

集団と一緒に行動するよりも、集団の逆を行ったほうがよい。

みんなが話題にするようになったら要注意！

最良の投資機会のなかには、大半の投資家にとってはあまりにも退屈でつまらなそうに見える投資、あるいは面白味がない投資もある。

安い買い物をしたと思っても、さらに安くなることがある

投資の価値がゼロになる場合もある。

買い方と売り方にとっては現在価格が適正価格であり、さもなければ取引は成立しない。

記者は一般読者が読みたがる記事を書いている

記事のアイデアは一般大衆の感情的なニーズから生まれ、相場が行きすぎると悪い方向に偏ってくるのが普通である。

金融関係の記事を読むときには、客観的な態度で読む。

極端に長期の運用実績には要注意

ずっと同じ担当者が運用しているのか？
今後もこの実績は続くのか？
長期の運用実績を見ても予測能力が高まるとは限らない。

トータルリターンと利回りは別のもの

利回りとは、毎月、毎四半期、または毎年、投資商品から得られる利息や配当をいう。

トータルリターンとは、投資商品から得られる利回りに、キャピタルゲイン（値上がり益）があればそれを加えた額、またはキャピタルロス（売却損失）があればそれを差し引いた額をいう。

投資をする前に投資をしながら生活することを考える

投資商品の値動きはどのぐらい速いのか？

相場が下落している期間は不安になるだろうか？

過去の運用実績は今後も実現するのか？

その投資商品が過去に利益を出した根拠が今もあるか？

将来もそのような条件は整うのか？

戦略的な決断を下してから投資を始め、そして投資から手を引く

プロのトレーダーでないならば、投資での売り買いの判断は長期的に見て行う。投資を始める前に、投資から手を引くことについて戦略的な決断を下しておく。

自分が耐えられると思っているものよりももう少し保守的なものを選ぶ

現状を打破しようとするだけで、より強いプレッシャーを感じる。ゆっくりだが順調で、予測可能な成績に不満を持つような投資家はめったにいない。

快適なレベルまで分散する

資金を十分に分散すれば運用も順調に進み、物事を戦略的に考えるときにも役に立つ。

口座ごと、または運用担当者ごとに資金を分散すると、投資の安全性をより高めることができる。

分散しすぎるのもダメ

分散しすぎて少額の投資商品ばかりだと厄介になり、どれも月並みな投資になってしまう。

同じ投資でも、一度に多額を投資するよりも少額を投資するほうが取引コストが高くつく。

投資ではリスク低減と取引コストのバランスを取るようにしよう。

儲けはどのように生まれるのか？

これこそ、すべての人が投資をする動機となるものである。

ほかにもう少し費用が掛からない投資商品はないのか？

これは自分に合った投資商品なのか、それとも証券会社が儲けたいから売りつけているのか？

この投資商品が売れたら、証券マンやファイナンシャルプランナーの儲けはいくらになるのか？

料金や売買手数料は値切ることができるのか？

情報におぼれないようにする

他人の意見ではなく、事実に神経を集中させよう。

自分の考えを持とう。

十分な情報を収集したうえで決断を下す

永遠に情報を集め続けることなどできない。

適度な期限を決めて情報を集める。

決断を下したら、次は実行だ！

プレッシャーを回避するにはほとんどの決断を戦略的に下す。しっかりした規律に従っていれば投資が楽になる。

とにかく引き金を引け

的が定まったら、後先を考えず、とにかく引き金を引く。

何もしないこと――最も難しい決断

万事が計画どおりに運んでいたら、その針路を変える必要はない。大きな利益は「しっかりと腰を据えた」投資から得られる。

良いサービスが必ずしも好成績につながるわけではない

安心して投資をするには適切なサービスが重要だ。
いくらサービスが良くても結果が悪ければ何もならない。

成功するためにはエゴを捨てろ

市場を恐れたり甘くみたりしてはいけない。市場は尊重すべきである。
自信とエゴとは違う。
自信は投資家の助けになる。
何をするにもエゴが成功のじゃまになる。

生活が投資結果を左右する

まずはひとりの人間として、自分の面倒は自分で見る。

そうすれば、もっと優れた投資家への道も開けてくる。

優れた投資のプロセスに集中すれば、結果はおのずとついてくる

自分で変えられることに集中すれば、自分の生活をコントロールできるようになる。

投資という鏡をのぞいてみよう

投資は自分の性格を映す鏡である。
自分の性格に合った投資をしているだろうか？

投資の腕を磨くプロセスを楽しもう！

皆さんの経済の健全性に役立ちますように。

読書のススメ

自分の心理状態がいかに投資で成功するかどうかを左右するかという研究をより深めたいという人のために、ここでは興味深い書籍や出版物を何点か紹介する。

マーク・ダグラス著『規律とトレーダー――相場心理分析入門』（パンローリング）

アレキサンダー・エルダー著『投資苑――心理・戦略・資金管理』（パンローリング）

チャールズ・マッケイ著『狂気とバブル――なぜ人は集団になると愚行に走るのか』（パンローリング）

ジャック・D・シュワッガー著『マーケットの魔術師――米トップトレーダーが語る成功の秘訣』（パンローリング）

ジャック・D・シュワッガー著『新マーケットの魔術師――米トップトレーダーたちが語る成功の秘密』（パンローリング）

バラック・ローランド著『マインド・トラップス（Mind Traps）』（ダウ・ジョーンズ・アーウィン）
ロバート・コッペル、ハワード・アベル共著『ジ・インナーゲーム・オブ・トレーディング（The Innergame of Trading）』（プロバス・パブリッシング・カンパニー）
エドウィン・ルフェーブル著『欲望と幻想の市場――伝説の投機王リバモア』（東洋経済新報社）
ジャスティン・マミス著『ザ・ネイチャー・オブ・リスク――ストック・マーケット・サバイバル・アンド・ザ・ミーニング・オブ・ライフ（The Nature of Risk--Stock Market Survival and the Meaning of Life）』（アディソン・ウェズレー・パブリッシング・カンパニー）
クロード・ローゼンベルク・ジュニア著『サイコ・サイバネティックス・アンド・ザ・ストック・マーケット（Psycho-Cybernetics and the Stock Market）』（プレイボーイ・プレス）
ジェームズ・スローマン著『ナッシング（Nothing）』（オーシャン・ブルー・

パブリッシング）
バン・K・タープ著『ジ・インベストメント・サイコロジー・ガイド（The Investment Psychology Guides）』（バン・K・タープ・アソシエイツ）

■著者紹介

トム・バッソ（Thomas F. Basso）

トレンドスタット・キャピタル・マネジメントの創設者にして経営者で株式と先物の運用を行う。1980年から株式の運用を始めて年平均16％、1987年から先物の運用し始めて年平均20％の実績を残す。トレーディング業界のバイブルである『新マーケットの魔術師』で取り上げられ、どんな事態にも冷静沈着に対応する精神を持つ「トレーダーのかがみ」として尊敬を集めた。1998年には全米先物協会の役員に選出された。現在は第一線からは退き、ヘッジファンドのブラックスター・ファンドのアドバイザーを務めている。

■訳者紹介

塩野未佳（しおの・みか）

成城大学文芸学部ヨーロッパ文化学科卒業（フランス史専攻）。編集プロダクション、大手翻訳会社勤務の後、クレジットカード会社、証券会社等での社内翻訳業務を経て、現在はフリーランスで英語・フランス語の翻訳業に従事。経済、ビジネスを中心に幅広い分野を手掛けている。訳書に『狂気とバブル』『新賢明なる投資家　上下』『株式インサイダー投資法』『アラビアのバフェット』『大逆張り時代の到来』『黒の株券』『悩めるトレーダーのためのメンタルコーチ術』（パンローリング）など。

2011年２月３日　初版第１刷発行

ウィザードブックシリーズ⑰⑥

トム・バッソの禅トレード
――イライラ知らずの売買法と投資心理学

著　者　トム・バッソ
訳　者　塩野未佳
発行者　後藤康徳
発行所　パンローリング株式会社
〒160-0023　東京都新宿区西新宿 7-9-18-6F
TEL 03-5386-7391　FAX 03-5386-7393
http://www.panrolling.com/
E-mail　info@panrolling.com
編　集　エフ・ジー・アイ（Factory of Gnomic Three Monkeys Investment）合資会社
装　丁　パンローリング装丁室
組　版　パンローリング制作室
印刷・製本　株式会社シナノ

ISBN978-4-7759-7143-7

マーケットの魔術師シリーズ

ウィザードブックシリーズ19
マーケットの魔術師
著者：ジャック・D・シュワッガー

オーディオブックも絶賛発売中!!

定価 本体2,800円＋税　ISBN:9784939103407

【いつ読んでも発見がある】
トレーダー・投資家は、そのとき、その成長過程で、さまざまな悩みや問題意識を抱えているもの。本書はその答えの糸口を「常に」提示してくれる「トレーダーのバイブル」だ。「本書を読まずして、投資をすることなかれ」とは世界的トレーダーたちが口をそろえて言う「投資業界の常識」だ！

ウィザードブックシリーズ13
新マーケットの魔術師
著者：ジャック・D・シュワッガー

オーディオブックも絶賛発売中!!

定価 本体2,800円＋税　ISBN:9784939103346

【世にこれほどすごいヤツらがいるのか!!】
株式、先物、為替、オプション、それぞれの市場で勝ち続けている魔術師たちが、成功の秘訣を語る。またトレード・投資の本質である「心理」をはじめ、勝者の条件について鋭い分析がなされている。関心のあるトレーダー・投資家から読み始めてかまわない。自分のスタイルづくりに役立ててほしい。

ウィザードブックシリーズ 14
マーケットの魔術師 株式編《増補版》
著者：ジャック・D・シュワッガー
定価 本体2,800円＋税　ISBN:9784775970232

投資家待望のシリーズ第三弾、フォローアップインタビューを加えて新登場!!　90年代の米株の上げ相場でとてつもないリターンをたたき出した新世代の「魔術師＝ウィザード」たち。彼らは、その後の下落局面でも、その称号にふさわしい成果を残しているのだろうか？

◎アート・コリンズ著 マーケットの魔術師シリーズ

ウィザードブックシリーズ 90
マーケットの魔術師 システムトレーダー編
オーディオブックも絶賛発売中!!
著者：アート・コリンズ
定価 本体2,800円＋税　ISBN:9784775970522

システムトレードで市場に勝っている職人たちが明かす機械的売買のすべて。相場分析から発見した優位性を最大限に発揮するため、どのようなシステムを構築しているのだろうか？　14人の傑出したトレーダーたちから、システムトレードに対する正しい姿勢を学ぼう！

ウィザードブックシリーズ 111
マーケットの魔術師 大損失編
著者：アート・コリンズ
定価 本体2,800円＋税　ISBN:9784775970775
オーディオブックも絶賛発売中!!

スーパートレーダーたちはいかにして危機を脱したか？　局地的な損失はトレーダーならだれでも経験する不可避なもの。また人間のすることである以上、ミスはつきものだ。35人のスーパートレーダーたちは、窮地に立ったときどのように取り組み、対処したのだろうか？

心の鍛錬はトレード成功への大きなカギ！

ウィザードブックシリーズ32
ゾーン 相場心理学入門
著者：マーク・ダグラス

オーディオブックも絶賛発売中!!

定価 本体 2,800円＋税　ISBN:9784939103575

【己を知れば百戦危うからず】
恐怖心ゼロ、悩みゼロで、結果は気にせず、淡々と直感的に行動し、反応し、ただその瞬間に「するだけ」の境地、つまり「ゾーン」に達した者こそが勝つ投資家になる！　さて、その方法とは？　世界中のトレード業界で一大センセーションを巻き起こした相場心理の名作が究極の相場心理を伝授する！

ウィザードブックシリーズ114
規律とトレーダー
著者：マーク・ダグラス

オーディオブックも絶賛発売中!!

定価 本体 2,800 円＋税　ISBN:9784775970805

【トレーダーとしての成功に不可欠】
「仏作って魂入れず」――どんなに努力して素晴らしい売買戦略をつくり上げても、心のあり方が「なっていなければ」成功は難しいだろう。つまり、心の世界をコントロールできるトレーダーこそ、相場の世界で勝者となれるのだ！　『ゾーン』愛読者の熱心なリクエストにお応えして急遽刊行！

ウィザードブックシリーズ 107
トレーダーの心理学
トレーディングコーチが伝授する達人への道
著者：アリ・キエフ
定価 本体 2,800 円＋税　ISBN:9784775970737

高名な心理学者でもあるアリ・キエフ博士がトップトレーダーの心理的な法則と戦略を検証。トレーダーが自らの潜在能力を引き出し、目標を達成させるアプローチを紹介する。

ウィザードブックシリーズ 124
NLP トレーディング
投資心理を鍛える究極トレーニング
オーディオブックも絶賛発売中!!
著者：エイドリアン・ラリス・トグライ
定価 本体 3,200 円＋税　ISBN:9784775970904

NLPは「神経言語プログラミング」の略。この最先端の心理学を利用して勝者の思考術をモデル化し、トレーダーとして成功を極めるために必要な「自己管理能力」を高めようというのが本書の趣旨である。

ウィザードブックシリーズ 126
トレーダーの精神分析
自分を理解し、自分だけのエッジを見つけた者だけが成功できる
著者：ブレット・N・スティーンバーガー
定価 本体 2,800 円＋税　ISBN:9784775970911

トレードとはパフォーマンスを競うスポーツのようなものである。トレーダーは自分の強み(エッジ)を見つけ、生かさなければならない。そのために求められるのが「強靭な精神力」なのだ。

相場で負けたときに読む本 ～真理編～
オーディオブックも絶賛発売中!!
著者：山口祐介
定価 本体 1,500 円＋税　ISBN:9784775990469

なぜ勝者は「負けても」勝っているのか？ なぜ敗者は「勝っても」負けているのか？ 10年以上勝ち続けてきた現役トレーダーが相場の“真理”を詩的に表現。

※投資心理といえば『投資苑』も必見!!

Audio Book

Pan Rolling オーディオブックシリーズ

規律とトレーダー

マーク・ダグラス，関本博英
パンローリング　約 440 分
DL 版 3,990 円（税込）
CD-R 版 5,040 円（税込）

常識を捨てろ！　手法や戦略よりも規律と心を磨け！　相場の世界での一般常識は百害あって一利なし！　ロングセラー『ゾーン』の著者の名著がついにオーディオ化!!

ゾーン

相場心理学入門

マーク・ダグラス
パンローリング
DL 版 3,000 円（税込）
CD 版 3,990 円（税込）

待望のオーディオブック新発売!!　恐怖心ゼロ、悩みゼロで、結果は気にせず、淡々と直感的に行動し、反応し、ただその瞬間に「するだけ」の境地、つまり、「ゾーン」に達した者が勝つ投資家になる！

その他の売れ筋

バビロンの大富豪

「繁栄と富と幸福」はいかにして築かれるのか

ジョージ・S・クレイソン
パンローリング　約 400 分
DL 版 2,200 円（税込）
CD 版 2,940 円（税込）

不滅の名著！　人生の指針と勇気を与えてくれる「黄金の知恵」と感動のストーリー！

playwalk 版 新マーケットの魔術師

ジャック・D・シュワッガー
パンローリング約 1286 分
DL 版 5,000 円（税込）

ロングセラー「新マーケットの魔術師」（パンローリング刊）のオーディオブック!!

マーケットの魔術師

ジャック・D・シュワッガー
パンローリング　約 1075 分
各章 2,800 円（税込）

──米トップトレーダーが語る成功の秘訣──
世界中から絶賛されたあの名著がオーディオブックで登場！

マーケットの魔術師 システムトレーダー編

アート・コリンズ
パンローリング約 760 分
DL 版 5,000 円（税込）
CD-R 版 6,090 円（税込）

市場に勝った男たちが明かすメカニカルトレーディングのすべて

私は株で 200 万ドル儲けた

ニコラス・ダーバス
パンローリング約 306 分
DL 版 1,200 円（税込）
CD-R 版 2,415 円（税込）

営業マンの「うまい話」で損をしたトレーダーが、自らの意思とスタイルを貫いて 巨万の富を築くまで──

孤高の相場師 リバモア流投機術

ジェシー・ローリストン・リバモア
パンローリング約 161 分
DL 版 1,500 円（税込）
CD-R 版 2,415 円（税込）

アメリカ屈指の投資家ウィリアム・オニールの教本！　稀代の相場師が自ら書き残した投機の聖典がついに明らかに！

マーケットの魔術師～日出る国の勝者たち～

Vo.01 ～ Vo.39 続々発売中 !!　インタビュアー：清水昭男

Vo.15 自立した投資家(相場の)未来を読む／福永博之
Vo.16 IT時代だから占星術／山中康司
Vo.17 投資に特別な才能はいらない！／内藤忍
Vo.18 相場とは、勝ち負けではない！／成田博之
Vo.19 平成のカリスマ相場師 真剣勝負！／高田智也
Vo.20 意外とすごい サラリーマン投資家／Bart
Vo.21 複利と時間を味方に付けろ：ハイブリッド社員が資産1億円を築く／中桐啓貴
Vo.22 今からでも遅くない資産計画：品格ある投資家であるためのライフプラン／岡本和久
Vo.23 ゴキゲンで買い向かう暴落相場：長期投資にある余裕のロジック／澤上篤人
Vo.24 他人任せにしない私の資産形成：FXで開眼したトレーディングの極意／山根亜希子
Vo.25 経済紙を読んでも勝てない相場：継続で勝利するシステム・トレーディング／岩本祐介
Vo.26 生きるテーマと目標達成：昨日より成長した自分を積み重ねる日々／米田隆
Vo.27 オプション取引：その極意と戦略のロジック／増田丞美
Vo.28 ロハスな視点：人生の目標と投資が交差する場所／田中久美子
Vo.29 過渡期相場の企業決算：生き残り銘柄の決算報告書／平林亮子
Vo.30 投資戦略と相場の潮流：大口資金の潮流カレンダーを押さえろ／大岩川源太
Vo.31 意外とすごい サラリーマン投資家／平田啓
Vo.32 テクニカル＋α：相場心理を映すシステムトレードの極意／一角太郎
Vo.33 底打ち宣言後の相場展開：国際的な視線で乗り越えろ！／不動修太郎
Vo.34 主要戦略の交差点：トレンドを知り、タイミングを知る！／鈴木隆一
Vo.35 月額5000円からの長期投資：複利と時間を味方に付けた資産構築／中野晴啓
Vo.36 ワンランク上のFX：創成期の為替ディーリングと修羅場から体得したもの／三沢誠